Heiner Feldhoff / Carl Gneist
Westerwälder Köpfe

RHEIN
MOSEL
VERLAG

Gefördert von den Landkreisen Altenkirchen, Neuwied und Westerwaldkreis.

© 2014
Rhein-Mosel-Verlag
Brandenburg 17, D-56856 Zell / Mosel
Tel. 06542-5151 Fax 06542-61158
ISBN 978-3-89801-073-3
Satz und Gestaltung: Cornelia Czerny
Umschlagentwurf: Heiner Feldhoff
Druck: TZ Verlag und Druck

Heiner Feldhoff / Carl Gneist

Westerwälder Köpfe

33 Porträts herausragender Persönlichkeiten

RHEIN-MOSEL-VERLAG

Inhalt

Der Westerwald und seine Menschen (I)

Heiner Feldhoff

Der alle verbindende Volksgruß, ein Dialog in knappster Form, der die Westerwälder Zusammengehörigkeit auf der Stelle erkennen lässt, ist seit hundert Jahren das Losungswort: »Hui! Wäller? – Allemol!«, die 1913 vom Westerwaldverein preisgekrönte, für Außenstehende unverständliche Parole aus einem Sechszeiler des Heimatdichters Adolf Weiß. Den Menschen des Westerwalds kurz Wäller zu nennen, hat sich durchgesetzt, so lautstark der verdiente Kulturhistoriker Hermann Josef Roth auch dagegen polemisiert: das sei albern, geschmacklos, eine Verstümmelung, ein Un-Wort, eine Erfindung eben. Aber ich meine, nach so vielen Jahren hat sich seine identitätsstiftende Berechtigung nun wahrlich erwiesen, und im Übrigen ist die Kurzform Wäller für Westerwälder z. B. schon bei dem von mir hochverehrten, literarisch bedeutsamen Dichter Fritz Philippi, also lange vor Adolf Weiß, anzutreffen, beide vom Hohen Westerwald.

Auf dieses Westerwälder Kerngebiet trifft all das zu, was sich die Welt draußen so erzählt von der Wäller Rauheit, dem grollend Mundharten strengstirniger »Basaltköpp«, der Kargheit der Landschaft, dem berüchtigten Wind (Hui!), jenen Höhen, wo »zahllose Basaltblöcke zerstreut liegen, als habe der Himmel in seinem Zorn Felsen gehagelt«, wie sie Mitte des 19. Jahrhunderts der Kulturhistoriker Wilhelm Heinrich Riehl beschrieben hat. Arno Schmidt, der selbst als Dichter zurückgezogen auf dem Land lebte, zitiert das weltweit bekannte Westerwaldlied »Ü berDei neHö henfeift der-Winnt. Sokallt« auf seine Weise. Pfarrer, Richter, Lehrer sind hierhin abgeordnet worden und recht bald, wenn es unstete Geistesmenschen, Stadtmenschen waren, wieder fortgezogen. Und sind dann berühmt geworden, haben aber oft lebenslang das Westerwäldische in ihrem Herzen bewahrt. Die sogenannten einfachen Leute wie auch die kommunalen Politiker verbinden mit dem Begriff Kultur meist die Forst- und Landwirtschaft, zu deren Geschichte Hans-Joachim Häbel ein vorzügliches Buch geschrieben hat: *Die Kulturlandschaft auf der Basalthochfläche des Westerwaldes vom 16. bis 19. Jahrhundert*.

Das Arno-Schmidt-Zitat begegnete mir vor Jahren, als ich für einen rheinland-pfälzischen Reiseführer den Westerwald als literarische Landschaft untersuchte, und auf einmal entdeckte ich überall zwischen Dill, Lahn, Rhein und Sieg, an Wied und Nister bedeutende Geistesspuren, ja gleich vor der Haustür: Nietzsches Freund Paul Deussen, Pfarrerssohn aus Oberdreis, weltberühmter Übersetzer der Upanishaden, hatte hier gelebt, und schon bald wurde er für mich, neben Raiffeisen und Sander, zum Dritten im Bunde Westerwälder Kulturgrößen von Weltrang. Anfangs, das gebe ich gerne zu, war es eher die Tatsache, dass Deussens Freund, der große Friedrich Nietzsche, zwei Wochen lang hier bei uns im Westerwald, bei den Deussens in Oberdreis, zu Besuch gewesen war.

Dann schrieb ich für ein Sonderheft der Kultur-Initiative »Pro AK« von Ulrich Schmalz eine erste Serie von sieben Porträts berühmter Westerwälder, und am Ende war es u.a. der Künstler Erwin Wortelkamp, bereits der erlauchten Siebenzahl zugehörig, der anregte, diese Galerie zu erweitern und in Buchform dauerhaft bereitzuhalten. Die Landräte der Kreise Altenkirchen, Neuwied und Westerwald, selber an einem stärkeren regionalen Zusammenhalt interessiert, waren von der Idee einer solchen »Pro AK-NR-WW«-Publikation *allemol* angetan. Aber auch aus dem hessischen Westerwald galt es kulturhistorisch bedeutsame Persönlichkeiten aufzunehmen. War tatsächlich anfangs eine gewisse Verlegenheit spürbar gewesen, wenn man nach wirklich großen Westerwäldern fragte, so tauchten auf einmal, besann man sich recht, immer mehr Namen auf, so dass mir das Projekt der *Westerwälder Köpfe* beinahe über den Kopf wuchs und unbedingt ein kompetenter Co-Autor hinzuzugewinnen war.

Wir kamen dann aus dem Staunen nicht mehr heraus, die Zahl diskutabler großer Westerwälder wuchs ständig, so dass sich der Dreierbund Raiffeisen-Sander-Deussen wundersam um dreißig weitere Prominente vermehrte, – und damit nicht genug, am Ende noch einmal um das Doppelte, so dass wir hier eine alternative Liste beifügen (s. u.), für all jene, die in unserer subjektiven Auswahl vielleicht zu Recht den einen oder anderen eigenen Favoriten vermissen, dessen Aufnahme den Rahmen unseres Buches freilich gesprengt hätte. Vorläufer unseres Projekts waren im Übrigen die *Lebensbilder aus dem Kreis Altenkirchen* von 1979, *Frauengeschichten*, 2008 vom Kreis Neuwied herausgegeben, sowie diverse Heimatbücher, u.a. die Ausgabe der *Wäller Heimat* 2012 des Westerwaldkreises.

In unserer Sammlung bedeutender Westerwälder kommen selbstredend auch berühmte Westerwälderinnen vor – nicht nur zeitgemäße *correctness* lässt dies sogleich ergänzen, tatsächlich kann sich der Frauenanteil von 30 Prozent durchaus sehen lassen. Birgt aber der geschlechtsneutrale

8

Buchtitel nicht die Gefahr, eine allzu intellektuelle Sortierung anzukündigen? Keine Sorge, hier werden nicht nur Hochkultivierte, durch kulturelle Glanzleistungen Aufgefallene vorgestellt, nicht nur Künstler, Schriftsteller, Adlige, Kirchengrößen, sondern auch Boxer, Schäfer und Koch. Umgekehrt war es August Sander, der zum Ausdruck gebracht hat, dass es nicht den geringsten Grund dafür gibt, auf »nur« volksschulisch Gebildete hochmütig herabzublicken, wenn er einfache, lebenserfahrene Bauersleute fotografiert und mit dem Titel versieht: »Der Philosoph«, »Die Philosophin«; ein alter Hirte wird ihm zum »Weisen«, Menschen, die offenkundig, mehr als mancher Studierter, etwas verstanden haben vom Werden und Vergehen, von der Mühsal tagaus, tagein, geprägt auch von der Gottesfurcht, vom Immergleichen im Wandel der Zeiten, von der Stille des Landes.

Für die Abfolge entschieden wir uns gegen die Chronologie; die Anordnung nach dem Alphabet schafft neue überraschende Begegnungen, so stellt sie den Gewerkschafter neben den Unternehmer, den Koch neben den Wirtshaussohn, den ausschweifenden Maler neben die keusche Selige, Raiffeisen und Sander, die beiden Berühmtesten, stehen beieinander, mittendrin Mechthild von Sayn, unsere Älteste, aus dem 13. Jahrhundert.

Das Verfassen dieser Kurzbiographien war stets begleitet von einem gewissen Schuldbewusstsein, so viele Menschenleben in jeweils kaum mehr als tausend Worten einzufangen und möglicherweise, auch wenn das jeweilige Leben geglückt schien, es posthum doch noch zu verpfuschen, so lückenhaft, so verknappt, so fragmentarisch, wie es hier nur dargestellt werden konnte, bei aller Sorgfalt der Recherche. Aber unsere Lebensbilder verstehen sich als Einladungen an den Leser, den Spuren jener verehrten Westerwälder weiter nachzugehen, deren Lebensleistung bis heute Früchte trägt und die Nachgeborenen berührt, animiert, aufregt.

Bisweilen, so erging es mir nach langer Beschäftigung mit diesen ganz Anderen, schienen einige von ihnen auf einmal ihr Anderssein zu verlieren und wurden mir zeitweilig zum Bruder, zur Schwester, andere blieben fremd und fern und rätselhaft. Jedenfalls mag ein solches Festhalten in Bild und Wort ein wenig dazu beitragen, dass, umtost von der schönen neuen, immer erreichbaren medialen Präsenz, die Erinnerungsfähigkeit des wachsamen Einzelnen gestärkt wird, konkret im Blick auf unsere Westerwälder Köpfe in Geschichte und Gegenwart, und nicht nur auf Köpfe, denn auch die Hände sind beteiligt, die Fäuste gar, die Beine, nicht zu vergessen das Herz. Was sie alle, fast alle eint: sie wollen ins Öffentliche, sie wollen wirken, verändern, wollen Erfolg, gänzlich selbstlos die wenigsten, auch die

Frömmsten nicht, denen es zumindest um einen Schatz im Himmel geht; Ika, Erwin, Annegret, Johannes, Carmen, Paul, sie alle tragen das, was sie befähigt und beseelt, zu Markte: ihre Kunst, ihr Denken, ihren Witz, ihre Mission.

Hervorragende Westerwälder Köpfe gibt es, wir sagten es, nicht wenige. Ein besonderer sei hier noch zum Schluss erwähnt: der Beulskopf bei Altenkirchen. Wer dort auf den Raiffeisenturm hinaufsteigt und sich ganz oben, weit ins Land hinausblickend, in den Wäller Wind stellt, den ergreift vielleicht jener Schwindel, bei welchem er nicht mehr recht zu entscheiden vermag, ob das, was ihn da umweht, noch Naturgeräusch ist oder schon Geisteshauch. Immer muss man sich erst um ein weniges aus dem Alltag erheben und den eigenen Kopf hinhalten. Um den Überblick zu gewinnen. Sei es auch zwischen zwei Buchdeckeln. HF

Wer wohl auch in diese Sammlung gepasst hätte:
Johann Peter Altgeld, der Gouverneur von Illinois; die Maler Karl Bruchhäuser, Robert Schuppner und Alois Stettner; der virtuose Bratschist Wolfram Christ, der Pianist Martin Stadtfeld und die Akkordeonistin Eva Zöllner, natürlich der Kabarettist Matthias Deutschmann; die historische Unternehmerpersönlichkeit Carl Johann Freudenberg und aus der Jetztzeit Ralph Dommermuth, Internet-Unternehmer, der Top-Manager Thomas Enders oder Joachim Fuhrländer, Apostel der Windräder: welche Karrieren! Dazu der »Holzpellet-Mann« Markus Mann und Willi H. Grün, Finanzjournalist – und Heimaterzähler. Aus der Welt des Sports ein Rudi Gutendorf oder Jutta Heine, Silbermedaillengewinnerin von Rom, Peter Hermann, Fußballprofi und Trainer bei Spitzenvereinen, Artur Knautz, Feldhandball-Nationalspieler. Dazu gehören auch: Hermann Graf Hatzfeldt, Schlossbesitzer und Hüter des Waldes, der Widerstandskämpfer Franz Leuninger, der Evangelist Anton Schulte, Friedrich Muck-Lamberty, furioser Lebensreformer. Dann die Schriftsteller Karl Ramseger-Mühle und Wilhelm Reuter, Hans-Christian Kirsch, der Erzähler für junge Menschen, der Bestseller-Autor Klaus-Peter Wolf und die Dichterin Maria Homscheid. Zudem Barbara Rudnik, die herbschöne Schauspielerin, oder Heinrich Roth, Landrat und Gegner des Hitler-Regimes, Hermann Josef Roth, *der* Kulturhistoriker der Region. Gewiss auch Wilhelm von Nassau-Dillenburg, hochadliger Kämpfer für die Freiheit der Oranjes, sowie die Verleger-Legende Klaus Wagenbach. Und nicht zuletzt der preußische Staatsreformer Karl Freiherr vom Stein.
Der Westerwald – immer wieder bewirkt er biografische Wunder …

Der Westerwald und seine Menschen (II)

Carl Gneist

WIR KAMEN, BLIEBEN UND SIND NOCH DA …

Der eine im Herzen des Ruhrpotts aufgewachsen. Der andere, in Berlin geboren, verbrachte seine Kindheit und Jugend in der Lüneburger Heide – wie konnten gerade die beiden Autoren Feldhoff und Gneist es wagen, die Geschichten bekannter Westerwälder Persönlichkeiten zu erzählen?

Die einfache und auf der Hand liegende Antwort: Oft braucht es den unbestechlichen Blick von außen, um die Binnenwelt in ihrer Eigenart zu erkennen.

Die hintergründige Antwort: Wir beide sind hierher gekommen und nicht mehr fortgegangen. Damit haben wir uns ganz unspektakulär zu dieser Landschaft und ihren Menschen bekannt. Mag sein, dass es woanders schöner und aufregender ist. Aber hier lässt sich auch leben, ohne zu verkümmern. Im Gegenteil: Der Westerwald ist eine Welt für sich, in der Menschen zu sich selbst kommen können – auch durch seine Ruhe.

DABLEIBEN

Jede Kultur, besonders eine regionale, braucht einen abgegrenzten Raum und Menschen, die ihn bevölkern und dort bleiben für lange Zeit. Nur dann können sie in der langwierigen Auseinandersetzung mit den landschaftlichen Gegebenheiten besondere Techniken des Überlebens, des Anbauens und Bauens und ihre besondere Sprache, den Dialekt, entwickeln, die alle Errungenschaften und Traditionen spiegelt und weitergibt.

Das Wort »*Kultur*« kommt von dem vieldeutigen lateinischen Verb »*colere*« = *bebauen, pflegen, verehren.* Die Römer bezeichneten mit dem Wort also die Bearbeitung des Bodens, das Errichten von Bauten aller Art, das Bewahren der Kenntnisse, Fähigkeiten, Sitten und schließlich den Dank an übergeordnete, hilfreiche Mächte, unter deren Schutz sie sich stellten. Das alles zusammengenommen ergab in den verschiedenen Regionen z. B. unseres Kontinents über die Jahrhunderte *das Italienische, das Französische, das Deutsche usw.* Und innerhalb der nationalen Kulturgruppierungen entwickelten sich regionale Lebenswelten, in die heute Touristen für eine Zeitlang eintauchen möchten: in die Provence, die Toskana, die Masuren, in den Schwarzwald.

Der Westerwald wurde allerdings lange nicht als Kulturlandschaft und Reiseziel wahrgenommen, als ab dem 19. Jh. mit der Eisenbahn der Massentourismus begann. Er blieb abgelegen. Schon zu Beginn des 20. Jh. versuchte deshalb Leo Sternberg – einer der von uns Porträtierten –, auf die landschaftliche Schönheit und die kulturelle Besonderheit der Gegend aufmerksam zu machen mit dem weithin beachteten Buch »Der Westerwald«. Später bekam diese Region eine zweifelhafte Berühmtheit, als deutsche Soldaten mit »O du schöhöhöner Wehehesterwald« durch Europa marschierten.

Gibt es in diesem Archiv von Lebensläufen bedeutsamer Menschen, die dem Westerwald entsprangen oder hierher kamen, etwas spezifisch Westerwäldisches zu entdecken?

Einst war es August Sander gelungen, in seinen Fotografien der Bauern und Arbeiter die besondere Physiognomie dieser Landschaft sichtbar zu machen. Ihre Gesichter und ihre Körper sind gezeichnet vom Ringen mit harten Existenzbedingungen. Jeder dieser Charaktere hätte eine eigene Biografie verdient. Es sind ja immer die Dagebliebenen als die ersten, die die Grundlagen für alles Spätere schaffen. In ihren eindrucksvollen »Westerwälder Köpfen« mit den tief eingekerbten Zügen ist aber auch schon die Gefahr der Versteinerung zu erahnen, wenn Menschen sich notgedrungen an ihrer engen Welt festklammern oder sich allzu sehr abgrenzen. Genau das aber kann man den Westerwäldern insgesamt nicht vorwerfen, dieser Gefahr der Verhärtung entkamen sie immer wieder.

FORTGEHEN

Die Menschen dieser Landschaft krallten sich nicht auf Teufel komm raus an ihre Scholle. Immer wenn die Not es verlangte oder die Abenteuerlust sie überkam, sind sie fortgezogen in die weite Welt – wie es so manche der Biografien in diesem Buch beweist.

»Jetzt ist die Zeit und Stunde da,
wir fahren nach Amerika.
Die Wagen stehn schon vor der Tür,
mit Weib und Kind marschieren wir!«

Dieses Auswandererlied des 19. Jahrhunderts haben viele Wäller gesungen. Manchmal ging sogar ein ganzes Dorf nach Amerika, ließ seine Häuser, seine Äcker und seine Geschichte hinter sich.

Nein, die Westerwälder sind keine Hinterwäld(l)er. Sie waren nie bedroht von sprachlicher, kultureller, genetischer Inzucht wie abgeschlossene Alpentäler. Dafür ist ihre Region zu offen und wird durchzogen von vielerlei Fließgewässern und Einflüssen und grenzt an den europäischen Strom, den Rhein. Ihr eigentümlicher, schwer nachzuahmender Dialekt ist eine besondere Melange aus den benachbarten Sprachgebieten, denn die Menschen überschritten oft genug nach allen Seiten den Rhein, die Lahn, die Sieg und die Dill.

Die von uns Ausgewählten sind von diesem Austausch mit der Welt unterschiedlich geprägt: Der Boxer Hussing zum Beispiel wurde geboren, lebte und starb in seinem Dorf Brachbach, kämpfte aber in vielen Ländern; der Bildhauer Wortelkamp kehrte nach Jahren in der Fremde in seine Heimat zurück, um hier sich und sein Werk zur Reife zu bringen; der Regisseur Piscator schleppte sein altes Westerwälder Autokennzeichen bis nach New York mit …

Menschen in ihrer Zeit

Über das besondere Individuelle hinaus repräsentieren die ausgesuchten Lebensläufe auch – oft zu unserer eigenen Überraschung – geradezu exemplarisch ihre historische Zeit, die gesellschaftlichen und politischen Umwälzungen. Prinz Maximilian zu Wied zum Beispiel untersuchte fremde Völker mit dem vorurteilsfreien, aufklärerischen Geist des Forschungsreisenden à la Humboldt und trauerte gleichzeitig über den Niedergang der traditionellen Adelsherrschaft in seiner deutschen Heimat nach 1848. Édouard Baldus flüchtete aus dem Dorf Grünebach nach Paris und ließ sich von der Welle der industriellen Revolution und der Erfindung der Photographie mitreißen. Willy Korf aus Hamm an der Sieg, der Star der Stahlindustrie in den 60er und 70er Jahren des 20. Jahrhunderts, personifizierte einen global orientierten Unternehmungsgeist und musste schließlich erleben, wie gerade sein Typus des ideenreichen Unternehmers mit Privathaftung durch die Global Players verdrängt wurde. Der Gewerkschaftler und Pazifist Hermann Kempf saß in allen vier deutschen Staaten des 20. Jahrhunderts im Gefängnis …

Die Unbekannten

Vor Jahren hatte der Dramatiker Heiner Müller die Idee, ein deutsches Museum zu gründen, in dem das Leben von Unbekannten ausgestellt wird. Per Losverfahren ausgewählte Deutsche sollten in je einer Box ihre Existenz dokumentieren mit Fotografien, Überbleibseln wie Strampelanzug, alten Turnschuhen, Autokennzeichen, Briefen und Tagebüchern, Schulzeugnissen usw. Die Museumsbesucher sollten einen tiefen Einblick haben in das besondere Leben aller Einzelnen.

Dieser schöne Gedanke steht hinter unserer Sammlung von Biografien bedeutsamer Westerwälder. Die von uns ausgewählten, namhaften Menschen stehen für all jene anderen nicht prominenten aus diesem Erdenwinkel, die hier gelebt, geliebt und gelitten, gearbeitet und Feste gefeiert haben – für alle Unbekannten also, deren Leben genauso unwiederholbar ist wie das der Berühmten, und für ihre Angehörigen und Freunde ebenso kostbar und einzigartig.

CG

Vom Geldfälscher zum Photographen der Grande Nation

Wie eigentümlich! Demselben unscheinbaren Landschaftswinkel entstammen gleich zwei geniale Künstler, beide Weltmeister ihres Faches, der Photographie! Neben August Sander ist nun endlich auch der große Andere zu nennen: Édouard Baldus, der allerdings nicht so ohne weiteres von den Westerwäldern zu vereinnahmen ist. Die Franzosen sehen ihn nämlich als einen der Ihren an, zu Recht, denn er hat später nicht nur ihre Nationalität angenommen, sondern ist buchstäblich zu einem der bedeutendsten Repräsentanten seines neuen Vaterlandes aufgestiegen.

In Grünebach, einem Weiler im Hellertal im Kirchspiel Siegen, kommt als zweites Kind von Johann Peter und Elisabeth Baldus am 5. Juni 1813 ihr Sohn Eduard zur Welt. Zunächst noch zu Nassau gehörig, gelangt seine von Landwirtschaft und Eisenverhüttung geprägte Heimat zwei Jahre später an Preußen. Der Junge wächst in schlichten katholischen Verhältnissen auf und dient schon früh als Soldat bei der preußischen Artillerie in Köln. Doch dann nimmt er seinen Abschied vom Militär, offensichtlich hat er sein besonderes Talent bei der Handhabung neuester Drucktechniken entdeckt. Die nächste urkundlich überlieferte Erwähnung ist eine höchst unrühmliche, erst in jüngster Zeit von Peter Lindlein aus Betzdorf aufgedeckt: 1835 wird der »vormalige Bombardier Eduard Baldus« steckbrieflich in der Rheinprovinz gesucht, als Krimineller, der vom Staat ausgegebene

Steckbrief in der preußischen Rheinprovinz, 1835

Kassenanweisungen gefälscht hat. Ein lebensgefährliches Risiko, schlimmstenfalls droht ihm nach damaligem Recht die Todesstrafe.

Der 21-jährige Grünebacher verduftet ins Ausland. 1838 taucht er als Kunststudent in Paris auf, mit einem fingierten Lebenslauf als Maler amerikanischer Herkunft, er ändert sein Geburtsdatum und schreibt sich gemäß französischer Aussprache Édouard. Zehn Jahre lang reicht er beim Pariser Kunstsalon seine Gemälde ein, letztlich ohne Resonanz. Privat ist er erfolgreicher: er heiratet die begüterte Elisabeth-Caroline Étienne und hat mit ihr drei Kinder.

Da kommt ihm im Zweiten Kaiserreich unter Napoleon III. der zivilisatorische und technische Fortschritt zu Hilfe: Paris wird nach Plänen des Barons Haussmann zur modernen Metropole umgestaltet. Die engen Viertel der einfachen Leute werden abgerissen, neue breite Boulevards ermöglichen einen zügigeren Straßenverkehr, bieten dem Second Empire mehr Schutz vor revolutionären Barrikadenkämpfen, aber auch, stadtästhetisch im wahrsten Sinne weitsichtig, imposante Durchblicke, z.B. auf den Arc de Triomphe oder die Oper.

Um die Mitte des 19. Jahrhunderts hat sich in Frankreich über Hippolyte Bayard, Louis Daguerre und andere Pioniere die neue Kunst der photographischen Ablichtung entwickelt, welcher sich der wendige und erfinderische Baldus nun mit aller Energie widmet: Er experimentiert, inzwischen

Gründungsmitglied der Pariser »Héliographischen Gesellschaft«, mit Salz-
papier- bzw. Glasnegativen, später dann mit Kollodium-Nassplatten, seinem eigenen Heliogravüre-Verfahren, er weiß zu retuschieren und mehrere Negative zu einem Panoramabild zusammenzufügen. 1851 beauftragt
ihn die Kommission für Denkmalspflege, historische Baudenkmäler zu
photographieren, nicht nur in der Hauptstadt und Fontainebleau, sondern
in ganz Frankreich, so in Burgund, in der Auvergne und im Midi. Seine
Schwarz-Weiß-Bilder mit ihrer klassisch-ausgewogenen Sichtweise zeichnen sich durch eine ungewöhnliche Klarheit und Präzision aus, so dass sich
sein Auftrag schon bald über das dokumentarische Festhalten der alten
Bauwerke erweitert auf die Monumente des Fortschritts, wie Aquädukte,
Bahnhöfe, Hafenanlagen.

Pont du Gard, 1861

Auf der Weltausstellung 1855 finden die Bilder seiner »Mission Hélio-
graphique« viele Bewunderer. Der Bankier James de Rothschild, Eigentü-
mer der französischen Nordbahn, beauftragt ihn, ein Photoalbum von der
Eisenbahnstrecke Paris-Boulogne zusammenzustellen, 50 Aufnahmen in
einem Prachtexemplar, das Rothschild der Queen Victoria bei ihrem Besuch

Arc de Triomphe du Carrousel, nach 1850

der Weltausstellung überreicht. Ein weiterer, ungleich umfänglicher Staatsauftrag wird ihm zuteil: Baldus dokumentiert mit mehr als 2000 Photographien den Neubau des Louvre.

Die große Nachfrage bei gleichzeitiger chemischer Fortentwicklung seines Druckverfahrens lässt ihn ein eigenes Unternehmen gründen; zeitweilig beschäftigt er ein Dutzend Mitarbeiter. 1861 beauftragen ihn die »Chemins de fer de Paris«, nunmehr Motive der südlichen Eisenbahnstrecke Lyon-Mittelmeer in einem Photowerk zu versammeln. Baldus ist aber nicht nur der dokumentarische Photograph nationaler Architektur, der modernen wie der aus der Römerzeit überkommenen – es gibt von ihm nicht minder imposante Landschaftsbilder aus der armen Auvergne oder von der schönen Côte d'Azur, von den Überschwemmungen im Rhône-Tal sowie erst in unseren Tagen veröffentlichte Photographien einer eleganten Gesellschaft im Park des Schlosses La Faloise.

Im allgemeinen sind die Baldus-Aufnahmen menschenleer: es mag auch an den langen Belichtungszeiten damals gelegen haben, aber aus dieser technischen Not machte er die Tugend einer künstlerisch perfekten Kom-

Thésée et le Minotaure - Jardin des Tuileries, 1858

position. In seiner Abwesenheit erscheint das Bild des Menschen bei Édouard Baldus nicht weniger nachhaltig als bei August Sander. Bereits in der Frühzeit des Lichtbilds wirft er einen modernen Blick auf die Dinge, wenn er zum Beispiel im Jardin des Tuileries unterhalb einer klassischen Skulptur die leeren Stühle aufnimmt. Heute werden die Werke des deutsch-französischen Meisters in Kunstausstellungen neben denen der bedeutendsten Impressionisten präsentiert, auf Auktionen erzielen die Originale Höchstpreise. In unserer Zeit werden sie in Verbindung gesehen mit den Schwarz-Weiß-Aufnahmen etwa von Bernd und Hilla Becher. Baldus selbst hat zum

19

Ende seines Lebens finanziellen Schiffbruch erlitten, geschäftlich hatte der Meisterphotograph keine glückliche Hand. Er stirbt am 22. Dezember 1889 in Arcueil-Cachan bei Paris. Auf dem dortigen Friedhof ist er im jüngst renovierten Familiengrab beigesetzt.

Leicht ließe sich die Monumentalarchitektur der Herrschenden seines Jahrhunderts als imperialistische Selbsterhöhung kritisieren - und damit auch eine Photographie in deren Diensten. Doch liegt es nicht im Wesen großer Kunst, dass sie über die irdische Dauer von Auftraggebern und Zeitgenossen hinweg ihre Werke in einen melancholischen zeitlosen Zauber hüllt? Beide, ob Baldus oder auch Sander, sind eben keine Kopierer der Realität, sondern als geniale »Fälscher« bewundernswerte Erfinder eigener Bildkreationen.   HF

Ein Räuberhauptmann sieht rot

Wann und wo er geboren wurde, ist dokumentiert: am 28. Januar 1769 in Höchstenbach. Ebenso urkundlich belegt ist der Ort, das Datum und die Art seines Todes: Er wurde von Soldaten der napoleonischen Besatzungsarmee in Westerburg am 3. Oktober 1797 füsiliert. Dazwischen aber verliert sich das wildbewegte Leben dieses legendenumwobenen Mannes immer wieder im Dunkeln und fordert zu Spekulationen heraus. Doch sein Name ist im kollektiven Gedächtnis der Gegend zwischen Wied und Sieg dick unterstrichen. Nicht nur deshalb gehört er in diese Reihe von Westerwälder Köpfen, sondern auch, weil seine Biografie die revolutionäre »Sattelzeit« um 1800 spiegelt.

Seine Lebenszeit fällt in die kurze Blüte der großen Räuberbanden zwischen 1750 und 1820. Nach dem 30-jährigen Krieg war die Welt des mittelalterlichen Kaiserreichs ins Wanken geraten. Viele Landschaften waren gründlich geplündert und verarmt. Die Selbstverständlichkeit des einen christlichen Glaubens war zerstört, der Katholizismus und der Protestantismus hatten sich bis aufs Blut bekämpft. Und überall in Deutschland, das in viele Kleinstaaten zerfleddert war, über deren Grenzen man schnell fliehen konnte, bildeten sich Banden aus den Parias der damaligen Zeit: verarmte Bauernsöhne, Abkömmlinge der sogenannten unehrlichen Berufe wie Abdecker, Henker und Prostituierte, zu denen dann auch noch die überall verfolgten »Zigeuner« stießen, und viele elende Betteljuden. Unter ihnen

21

entwickelte sich ein besonderer Gauner-Jargon, das Rotwelsch, aus dem viele Ausdrücke in die Umgangssprache einwanderten wie: Bulle für Polizist, Bock haben für Lust, Model für Mädchen, Kohldampf für Hunger. Am Ende des 18. Jahrhunderts erschienen »Actenmäßige Nachrichten« an Stelle der heutigen Krimis, in denen den schaudernden Bürgern der Städte von den großen Räubern und ihren Banden erzählt wurde: »Schinderhannes« Bückler im Hunsrück, »Hiesl« Klostermeyer in Oberbayern, im Rheinland wüteten Damian Hessel, das »Studentchen« und Matthias Weber, genannt der »Fetzer«. Oft verklärte das Volk die Verfemten zu Sozialrebellen mit dem Flair eines Robin Hood. Der Schwager Goethes, Christian Vulpius, schrieb einen Bestseller über den edlen Banditen »Rinaldo Rinaldini«, und »Räuber und Gendarm« hieß von da an bis in unsere Zeit ein beliebtes Kinderspiel.

Aber über den Räuberhauptmann Andreas Balzar findet sich in diesen Kriminalreports nichts. Er stammt nicht aus der deklassierten Gesellschaftsschicht wie die abgerissenen Desperados, die ihre Beute mit Lustnymphen in verrufenen Freudenhäusern versaufen und verhuren, weshalb viele von ihnen geschlechtskrank sind. Dagegen wächst Balzar als Sohn des Pfarrers von Flammersfeld auf. Und ebenso wie sein Vater soll er auf der »Hohen Schule« in Herborn, eine der wichtigsten Bildungsstätten der Calvinisten in Europa, Theologie studieren. Aber in seinen Adern rollt offensichtlich das Blut seiner Vorfahren, die jahrhundertelang als Förster und Soldaten gelebt hatten. Der fürstliche Wildpark um Herborn reizt seine Jagdlust allzu sehr, und der Lateinschüler wird nebenberuflich Wilddieb. Als Andreas Balzar enttarnt wird, kann er gerade noch aus dem Sayn-Wittgensteinschen Hoheitsgebiet nach Flammersfeld fliehen. Aus ist es mit der Theologen-Laufbahn, und sein empörter Pfarrervater verstößt ihn aus dem Elternhaus.

Dabei war der Jagd- und Holzfrevel in jenen unruhigen Zeiten, als sich die alte Ständeordnung aufzulösen begann, auf dem Land eine übliche Praxis als Zeichen der Not wie der Revolte gegen das Unrecht. Denn allzu dreist nutzten die Adligen ihr Jagdprivileg aus. Sie verboten den Bauern, die Wildtiere zu töten, die ihre Feldfrüchte fraßen, und wenn den »Herren« danach war, betrieben sie rücksichtslos quer durch die Felder ihre Hetzjagden und zerstörten die Ernte. Da halfen sich die Dörfler eben selbst und besorgten sich Wildbret und Holz in den Wäldern. Das war noch nicht ehrenrührig. Für den Sohn eines Pfarrers galten allerdings andere Regeln als für die Unterdrückten.

Nun ist er ein Outlaw.

Schiller hat in seiner Novelle »Der Verbrecher aus verlorener Ehre« am Beispiel des »Sonnenwirts« Friedrich Schwahn die Karriere eines solchen Ausgestoßenen nachgezeichnet: Vom Wilddieb über das Zuchthaus in eine Räuberbande. Die Erzählung wirkt wie eine Blaupause für die Biografie von Andreas Balzar, nur dass dieser den Kerker überspringt. Er zieht nach Russland als Fremdenlegionär und bringt es dort bis zum Kapitän in der Leibwache des Zaren. Auch diese Lebensphase war beispielhaft für seine Zeit. Oft gingen damals abenteuerlustige Deutsche als Soldaten, Handwerker, Ingenieure und Kaufleute nach Russland, dort waren sie als Spezialisten gesucht und angesehen. In den russischen Romanen des 19. Jahrhunderts tauchten immer wieder Deutsche auf als Vorbilder an Tüchtigkeit und Können.

Warum Andreas Balzar aus Sankt Petersburg in den Westerwald zurückkehrt, wissen wir nicht. Aber plötzlich ist er wieder da. Er schließt sich einer Horde von Wilddieben und Räubern an und macht sich bald zu ihrem Anführer. Damit gehört er nun zu der sich epidemisch ausbreitenden Subkultur der Banden.

In jener Zeit wurde das ganze Rheinland unsicher gemacht von der weit verzweigten Niederländischen Bande. Zu ihr gehörte auch die Neuwieder

Andreas Balzar trifft seinen Vater kurz vor seiner Erschießung.
Eine Szene aus der Aufführung der »Bartels Bühne«, Flammersfeld 1989.

Bande, die von der Stadt aus im Westerwald operierte. Die Waldgebiete der Fürsten zu Wied waren zum großen Teil noch so unwegsam, dass selbst die Räuber sich verliefen, zum Beispiel nach einem missglückten nächtlichen Überfall in Daaden. Auf ihrer Flucht gingen sie im Kreis und wurden am Morgen von den wütenden Bauern eingeholt, gefangen genommen und fürchterlich verprügelt. Balzar muss als Räuberhauptmann, der um Flammersfeld herumstreicht, Kontakt mit dieser Gang gehabt haben, aber er taucht in den »Acten der Polizey« nicht auf.

Er überfällt nämlich nicht Händler und Kaufleute, sondern französische Soldaten, und sein Gegner ist nicht die »Polizey«, sondern die französische Republik. Denn der Westerwald war inzwischen zum Kriegsgebiet geworden. Das revolutionäre Frankreich, angegriffen von Österreich und Preußen, hatte nach mehreren Siegen mit seinem Volksheer die Rheinufer besetzt und lieferte sich zwischen Mainz und Koblenz ständig Gefechte mit den Habsburger Truppen.

Als ein französischer Offizier die Braut Balzars auf dem Marsch durch Flammersfeld schändet, sieht Balzar rot und beginnt einen blindwütigen Rachefeldzug gegen alle, die eine Offiziersuniform der Besatzer tragen. Er greift mit seinen Freischärlern die Franzosen aus dem Schutz der Wälder so erfolgreich an, dass im Jahr 1797 die Chance zu einem Aufstand des gesamten Westerwaldes gegen die fremde Besatzung in der Luft liegt, wie Heinrich von Gagern, der einstige nassauische Regierungspräsident, in seinen Memoiren berichtet. Seine militärischen Gegner jedenfalls nehmen Balzar, den »Capitain noir«, als Guerillakämpfer sehr ernst und jagen ihn intensiv. Schließlich fangen sie ihn, aber nur durch Verrat. Die Franzosen achten seinen russischen Offiziersrang und hängen ihn nicht wie einen gewöhnlichen Kriminellen an einen Strick. Und so beendet im Hof des Westerburger Schlosses ein Erschießungspeloton das dramatische Leben des Feuerkopfes.

Seine Biografie ist exotisch genug für einen Roman vom Archivar Christian Spielmann ca. 100 Jahre nach seinem Tod und für ein darauf fußendes Theaterstück, das immer wieder mal im Westerwald von Laienbühnen aufgeführt wird. Manche Mitteilungen über Andreas Balzar stammen von Spielmann und sind heute nicht mehr belegbar. Jedoch ein Faktum steht fest: Im Angesicht seines Todes, »in articulo mortis«, gesteht er, einundzwanzig französische Offiziere mit eigener Hand getötet zu haben, und weist die Binde vor den Augen zurück. CG

Wilhelm Boden
1890-1961
Landrat und Ministerpräsident
Birnbach

Ein Mann für schwere Zeiten

Sauber gescheitelt, aufrecht im Anzug mit Weste und Krawatte: So hat ihn sein Nachbar, der später berühmte August Sander fotografiert. Ein gläubiger Katholik und milder Patriarch, geboren und aufgewachsen im Königreich Preußen, ein Jurist und lebenslang ein Verwaltungsbeamter reinsten Wassers. Kein glanzvoller Redner, keine schillernde, charismatische Persönlichkeit – doch ein höchst fähiger Mann in Krisenzeiten.

Wilhelm Bodens privates Leben verlief zunächst sehr gradlinig. Er wurde am 5. März 1890 in eine Juristenfamilie in der Nähe von Trier hineingeboren, Abitur daselbst, dem ein Studium der Rechts- und Staatswissenschaft in Bonn und Berlin folgte, das er 1915 mit dem 2. Staatsexamen abschloss. Zwischendurch hatte er pflichtschuldigst und in kürzester Zeit 1912 in Würzburg die kirchenrechtliche Promotion eingeschoben – und die war sicherlich nicht irgendwo abgeschrieben. Selbstverständlich war er während seiner Studentenzeit einer der ältesten katholischen Studenten-Verbindungen Bonns beigetreten, und selbstverständlich wurde 1919, bald nach dem Studium, also zur rechten Zeit geheiratet, eine Frau aus dem gleichen bürgerlichen »Stall« und mit gleichem Glaubensbekenntnis. Es kann nicht überraschen, dass eine Familie gegründet wird mit sechs Kindern, für die ein großes Haus gebaut wird. Ein Lebenslauf wie aus dem Schnittbogen für das wohlsituierte katholische Bürgertum.

Als er 1919 im Jahr seiner Heirat zum Landrat für den Kreis Altenkirchen / WW bestellt wird, ist er der jüngste Landrat in Preußen, dem größten und einflussreichsten Land innerhalb der neuen Weimarer Republik, das von Danzig bis ins Ruhrgebiet reichte. Seine Anfangsjahre sind nicht einfach: Das Gebiet ist gegliedert in einen Oberkreis um die Stadt Betzdorf, geprägt von der Industrie des angrenzenden Siegerlandes, und einen Unterkreis um das Verwaltungszentrum in der kleineren Stadt Altenkirchen, der vorrangig von der Landwirtschaft lebt. Darüber hinaus glauben und wählen die beiden Regionen verschieden – der Norden katholisch und der Zentrumspartei zuneigend, der Süden protestantisch, deutschnational und von Bismarck begeistert. Der junge Landrat, Mitglied der rein katholischen Zentrumspartei, stößt zunächst auf Misstrauen, das er aber nach und nach überwinden kann.

In den ersten Jahren seiner Amtstätigkeit muss Boden die drängende soziale Not bekämpfen. Tausende ehemalige Soldaten der geschlagenen deutschen Armee sind zurück in ihre Westerwälder Heimat gekommen, seelisch und körperlich versehrt. Für sie und ihre Familien muss ein Auskommen geschaffen werden, das wenigstens zum Überleben reicht. Gleichzeitig bewirkt der »Versailler Vertrag«, mehr Racheakt als Friedensstiftung, mit

unvernünftig hohen Reparationen eine schwere Inflation. Der Geldwert verfällt im Stundentakt, und die Arbeiterfrauen stehen am Ausgang der Fabriken, um in Waschkörben den Tageslohn ihrer Männer abzuholen. Schließlich sehen sich die Landkreise und Gemeinden genötigt, eigenes Sondergeld auszugeben, so auch Altenkirchen. Diese Notgeldscheine tragen die Unterschrift von Wilhelm Boden als Vorsitzendem des Kreisausschusses.

Nach Einführung der Rentenmark 1923 stabilisiert sich die Wirtschaft, und der junge Landrat kann sich tatkräftig an die Gestaltung des öffentlichen Lebens im Kreis machen. Mit der Fusion der Elektrizitätswerke Siegerland (EWS) und den viel größeren Rheinisch-Westfälischen Elektrizitätswerken (RWE), die 1927 abgeschlossen wurde, regelt er die Sicherung der Stromversorgung des Gebiets. Dieser Zusammenschluss zu einem effizienten, großen Energiebetrieb nützt auch dem Haushalt des Kreises. Bis heute,

W. Boden (im Führerstand) bei der Taufe einer neuen Dampf-Lok auf seinen Namen, 1927.

wenn auch in den letzten Jahren abnehmend, finanziert der Kreis mit den Dividenden aus seinen RWE-Aktien vor allem die Kulturarbeit. Weil er die Notwendigkeit erkennt, die Erzförderungs-, Hütten- und Basaltindustrie des Kreises an die großen Verkehrswege anzubinden, widmet er sich überdies intensiv dem Ausbau der Westerwald-Bahn. Eine der neuen Heißdampf-Lokomotiven wird feierlich auf den Namen »Landrat Dr. Boden« getauft.

Als ebenso die Zeiten überdauernd erweisen sich seine Initiativen im Bereich der Ausbildung junger Menschen. Er sorgt dafür, dass das Real-Gymnasium Betzdorf als erstes in Preußen in die Trägerschaft des Kreises überführt wird – heute eine Selbstverständlichkeit – und begleitet die Schulreformen der folgenden Jahre mit dem Eifer des humanistisch Gebildeten. Das Gymnasium öffnet sich dadurch weiteren Kreisen der Gesellschaft, auch den Mädchen. Ein großzügiger Erweiterungsbau inklusive Sternwarte fängt den Zustrom der Schüler und Schülerinnen auf. Auch eine weitere Landwirtschaftsschule wird in seiner Amtszeit errichtet.

Boden verliert dabei die Schutzlosen und Belasteten der Zwanziger Jahre nicht aus seinem fürsorglichen Blick. Der Kreis erwirbt zwei Villen und gestaltet sie als Kindergenesungsheim und Müttererholungsheim um. Schließlich wird auf Veranlassung des Landrats in Kirchen ein modernes katholisches Krankenhaus errichtet, das bis in die Jetztzeit seine Aufgaben erfüllt.

Die Weltwirtschaftskrise ab 1929 trifft vor allem den schwerindustriell geprägten Oberkreis hart. Die Arbeitslosigkeit steigt in ungeahnte Höhen, ein wesentlicher Grund für die Wahlerfolge der Nazis im Kreis. Viele verzweifelte Westerwälder wandern wieder einmal wie im 18. und 19. Jahrhundert nach Nord- und Südamerika aus. Engagiert stemmt sich Landrat Boden gegen die Stilllegung der Erzgruben mit Hunderten von Arbeitern. Wegen der »Grube Bindweide« richtete er sogar einen Appell an den Reichspräsidenten Hindenburg persönlich – vergeblich.

Die Machtergreifung der NSDAP bedeutet für Boden einen tiefen Riss in seinem sonst so makellosen Lebenslauf. Im Zuge der sogenannten »Gleichschaltung« wird er aus seinem Amt geworfen, wegen angeblicher Untreue wie viele andere Amtsträger angeklagt und in einem infamen, wochenlangen Schauprozess sogar zu einer Haftstrafe von einem Jahr verurteilt. Anders als viele andere der Verwaltungselite biedert sich Boden aber niemals bei den Nazis an. Es hilft ihm sicher, dass er tief in seinem katholischen Glauben verankert ist. Boden zieht sich für die zwölf dunklen Jahre des »Tausendjährigen Reiches« mit seiner Familie nach Köln zurück und arbeitet als Rechtsanwalt und Gutachter.

Nach dem katastrophalen Ende des Weltkrieges suchen die alliierten Besatzungsmächte händeringend nach unbelasteten Fachleuten für die Organisation des zerstörten Landes. Wilhelm Boden macht nun eine geradezu atemberaubende Karriere. Zuerst wird er 1945 von den Amerikanern per Federstrich wieder als Landrat des Kreises Altenkirchen eingesetzt, doch schon nach wenigen Wochen ernennen ihn die Franzosen, die diese Zone von den Amerikanern übernahmen, erst zum Oberpräsidenten, dann zum Regierungspräsidenten von Koblenz. Wieder einmal bestehen seine Aufgaben vorwiegend darin, die Wohnungsnot und den Hunger zu bekämpfen.

1947 heben ihn die Franzosen auch noch in das Amt des Ministerpräsidenten von »Rhéno-Palatin«, dem neu gegründeten Rheinland-Pfalz. Doch obwohl er dann die ersten demokratischen Parlamentswahlen gewinnt als Spitzenkandidat der auf den Trümmern der Zentrumspartei gegründeten CDU, gelingt es ihm nicht, eine neue Regierung zu bilden gegen die Stimmen der Sozialdemokraten und auch seiner eigenen Partei. Das politische Revier der Strippenzieher und Fallensteller ist dem passionierten Jäger und Waldgänger Boden nicht sehr vertraut. Resigniert gibt er den Regierungsauftrag zurück und das Amt des Ministerpräsidenten auf. Seine letzten Berufsjahre verbringt er hochgeachtet und hochgeehrt mit dem Bundesverdienstkreuz als Chef der Landeszentralbank.

Die Glanzzeit seines Lebens aber waren die Jahre als junger Landrat in Altenkirchen, als er auf allen möglichen Gebieten Erstaunliches leistete in den wilden Jahren der ersten deutschen demokratischen Republik. In seinem Haus in Birnbach, nahe Altenkirchen, stirbt er am 18. Oktober 1961.   CG

Eine dichtende Königin, wie aus dem Märchenbuch

Es gibt noch da und dort eine Straße, einen Park oder ein Altenheim, die ihren Namen tragen, aber ihre Werke werden nicht mehr aufgelegt und sind vergessen. Und doch war sie einst in ganz Europa berühmt als »dichtende Königin«. Als sie 1890 Queen Victoria besuchte, trug sie auf einem Sängerfest in Wales eigene Dichtungen vor und wurde von der Menge bejubelt. Berichte über sie füllten die Boulevardblätter jener Zeit. Ihre Bücher wurden in verschiedene europäische Sprachen übersetzt, dafür sorgte sie oft schon selbst, denn sie sprach fließend Deutsch, Englisch, Französisch und Rumänisch. Eine spektakuläre Erscheinung, die Königin von Rumänien, geborene Elisabeth zu Wied, die sich als Dichterin »Carmen Sylva« nannte.

In diesem Namen verbirgt sich ihre Herkunft aus dem Westerwald: »Waldgesang«, lateinisch carmen sylvae, was sie wegen des besseren Klangs abänderte. »*Carmen das Lied und Sylva der Wald / Von selbst gesungen das Waldlied schallt.*«

Im Schloss Monrepos, über der Stadt Neuwied mit Blick auf den vielbesungenen Rhein gelegen, kommt sie als Tochter des Fürsten Hermann zu Wied und seiner Frau Maria, geborene von Nassau, zur Welt. Sie durchlebt eine von strenger Erziehung geprägte Kindheit. Wenn sie aber in die Wälder um Monrepos darf, wird sie zum wilden Naturkind. Ihre Sprachbegabung fördert ein eigener Hauslehrer, – und sie bekommt sogar einige

Klavierstunden von Clara Schumann, die als Starpianistin durch die deutschen Adelshäuser tingelt. Zu Füßen ihres weitgereisten Onkels Maximilian zu Wied sitzend, lauscht sie seinen Erzählungen über das Leben der nordamerikanischen Indianer.

Als sich kein passender hochadliger Ehemann anbietet, droht sie als junge Frau den Eltern an, Lehrerin zu werden, um etwas Nützliches für die Menschen zu tun. Dieser für eine Frau der damaligen Oberklasse ungewöhnliche Berufswunsch zeigt schon den Einfluss der Frauenemanzipation in der zweiten Hälfte des 19. Jahrhunderts. Doch ist Elisabeth zu Wied alles andere als eine Suffragette. Zu sehr ist sie erfüllt von der Überzeugung, die wesentliche Aufgabe einer Frau bestehe darin, zu lieben, zu pflegen, und zu dienen, zum Beispiel einem Ehemann und einer möglichst zahlreichen Kinderschar.

Der Wunsch, Leben zu erzeugen und zu erhalten, erwuchs sicherlich auch aus frühen Erschütterungen. Ihre Kindheit wird überschattet von schweren Krankheiten in der Familie. Der geliebte jüngste Bruder Oskar, schon schwer geschädigt geboren, stirbt mit 12 Jahren. Der Vater Hermann zu Wied, ein hochgebildeter Privatgelehrter, leidet an Tuberkulose, und auch die Mutter Maria kränkelt oft, ist zeitweise sogar gelähmt.

Obgleich eine attraktive junge Frau mit einer – wie Zeitzeugen berichten – »süßen«, wohlklingenden Stimme, lässt sie sich auf dem europäischen Heiratsmarkt des Hochadels schwer vermitteln. Sie gilt als zu ernsthaft und gebildet. Schon nähert sie sich mit 26 Jahren als Hochadlige dem Status der »alten Jungfer«, da führt ihre Mutter Maria zu Wied 1869 eine arrangierte Begegnung mit Prinz Karl von Hohenzollern-Sigmaringen herbei, einem hohen Offizier der preußischen Armee, ehrenhaft und zurückhaltend gegenüber Frauen. Kurzentschlossen macht er ihr jedoch bei diesem ersten Treffen einen Heiratsantrag, vielleicht weil er Elisabeth schon einmal in seinen Armen aufgefangen hatte, als das junge Mädchen, eine Schlosstreppe runterstürmend, gestolpert war. Sie nimmt den Antrag ebenso entschieden sofort an. Wenige Wochen später wird die Ehe geschlossen.

Schon 1866 hatte ihr Mann als Fürst Carol I. die ihm angetragene Regentschaft in Rumänien übernommen. Die Flitterwochen bestehen deshalb aus zwei Tagen im Schlafwagen nach Bukarest. Obgleich ihr lockerer rumänischer Hofstaat die sittenstrenge Fürstin nach einigen Wochen verdächtigt, sie sei wohl frigide, gebiert Elisabeth schon elf Monate nach der Hochzeit eine Tochter, die abgöttisch geliebte Maria. Das Glück über die Erfüllung ihres fraulichen Lebensziels dauert nur kurz. Als sie mit ihrem Kind während einer Scharlach-Epidemie aus Pflichtgefühl ein Hospital besucht, infiziert sich

die Kleine an eben diesem Erre-
ger und stirbt 1874 im Alter von
3 Jahren. Den Schmerz über diesen Verlust verwindet die Königin nie, zumal sie kein Kind mehr
zur Welt bringen kann, stattdessen
mehrfach Fehlgeburten erleidet.

Schreibend versucht sie, diese
Wunde ihres Lebens zu heilen: Sie
beginnt eine Karriere als Dichterin mit dem Pseudonym »Carmen
Sylva«. Unermüdlich veröffentlicht sie Gedichte, Romane, Mär-
chen, Theaterstücke, Aphorismen
– in rasender Eile und kaum kor-
rigiert, was sich ungünstig auf die
Qualität ihrer Arbeiten auswirkt.
Bald erwirbt sie sich jedoch mit

Carmen Sylva und Tochter Maria

ihren Werken einen gewissen Ruhm, wozu sicher auch ihr gesellschaftlicher Rang beiträgt. Denn 1881 hat sich Rumänien zu einem Königreich
gemacht. Nun ist sie eine »dichtende Königin«, die sich offen zur Schriftstellerei bekennt – anders als die mit ihr befreundete österreichische Kai-
serin Sissy, die ebenfalls schreibt, aber eine Veröffentlichung wegen der
Hofetikette ablehnt.

Carmen Sylvas Bücher werden von der Presse sehr wohlwollend rezensiert. Sie korrespondiert mit einer Reihe von bekannten Autoren aus anderen
Ländern, so mit Pierre Loti, dem französischen Romancier, der dafür sorgt,
dass ihr Buch *Pensées d'une reine* von der Académie Française ausgezeichnet
wird. Kurz gesagt: Sie wird nach und nach eine Spezialistin in Public Rela-
tions, fördert tatkräftig die eigene Sache wie auch das Kulturleben Rumäniens, vor allem die Volkskunst, deren Überlieferungen sie zu retten versucht.
Geschickt inszeniert sie sich dabei selbst. Empfängt sie zum Beispiel einen
Dichter, liegt sein Buch wie zufällig auf dem Flügel, an dem sie, in wallen-
de Gewänder gehüllt, gerade eine Sonate spielt. Als sie in ihrem Publicity-
Eifer so weit geht, home-stories vom Krankenlager ihres Mannes an die
Presse zu schicken, ätzt Karl Kraus in seiner Zeitschrift »Die Fackel« 1907:

»Carmen Sylva ist keine bedeutende Schriftstellerin, wohl aber eine tüchtige
Krankenpflegerin …«

31

Im Leben wie in ihren Gedichten empfindsam bis zur Sentimentalität, wird sie anfällig fürs Zweite Gesicht. Als die junge Hofdame Vacarescu behauptet, in »Visionen« würde ihr der rumänische Thronfolger Prinz Ferdinand seine heimliche Liebe gestehen, versucht Königin Elisabeth hartnäckig, die beiden trotz großem Standesunterschied zu verheiraten. Als die skandalöse Affäre französische Boulevard-Zeitungen erreicht, verbannt sie ihr Ehemann Karl I. für zwei Jahre nach Italien, um den jungen Fürsten standesgemäß verheiraten zu können.

Über all ihren Eitelkeiten als Dichterin und den Merkwürdigkeiten ihres Auftretens darf nicht übersehen werden: die Landesmutter ist eine sehr warmherzige Frau, die ihre sozialen Verpflichtungen als Königin ernst nimmt. Sie gründet Schulen, Hospitäler und Pflegeheime in dem rückständigen Land, und im türkisch-russischen Krieg 1877 versorgt sie persönlich die verwundeten rumänischen Soldaten, die auf der Seite Russlands kämpfen.

Der Ausbruch des Ersten Weltkrieges trifft das Königspaar tief. Beide fühlen sich zerrissen zwischen ihrer deutschen Herkunft und der Loyalität zu Rumänien. 1914 stirbt der König im Schlaf. Seine Frau folgt ihm nur zwei Jahre später. Man sucht die Überreste ihres Kindes Maria, findet sie in einem versteckten Grab im Garten des Schlosses und bestattet sie zusammen mit der Mutter. Im Tode vereint – ein ergreifendes, romanhaftes Lebensende, wie aus einem der Märchenbücher der »dichtenden Königin« Carmen Sylva.

CG

APHORISMEN

Die sogenannte Frauenfrage geht die Seele gar nichts an. Der Frauenberuf heißt in der Natur: »Gebären« und in der geistigen Welt: »Mutter sein«. Das ist der Frauen Beruf, und wer das Gegenteil beweisen kann, beweise es.

Sobald in der Ehe der Gedanke an Geduld auftaucht, ist sie eigentlich schon keine Ehe mehr, denn die Liebe ist fort, auf der dieses Verhältnis sich allein aufbauen und erhalten kann.

Pflichttreue ist eines der schönsten Wörter der lieben deutschen Sprache; sie kann stolz sein, es zu besitzen.

aus: Gedanken einer Königin

Wenn ein Herz bricht, geht ein Hauch
Von Weh so über die Erde,
Als wenn in kalten Nebelhauch
Und Schnee sie verwandelt werde.

aus: Geflüsterte Worte von Carmen Sylva

Nietzsches Freund

Für mich ist Deussen neben August Sander und Friedrich Wilhelm Raiffeisen der Dritte im Bunde Westerwälder Kulturgrößen, deren Namen Weltgeltung haben. Lange Zeit, obwohl ich selbst in seinem Geburtsort lebe, hatte ich seinem Leben und Werk keine Beachtung geschenkt.

Es sei daher hier kurz erzählt, wie ich schließlich doch zu Paul Deussen kam. Schuld daran ist Nietzsche, der als junger Student einmal in Köln in ein Bordell geraten ist. Dort klimperte er freilich nur nervös ein paar Takte auf einem Klavier und nahm vor den verführerischen Schönen Reißaus, was er am nächsten Tag seinem Freund Paul erzählt. Der hat's dann später aufgeschrieben, auf eine Weise, dass kein Geringerer als Thomas Mann davon beeindruckt war und die Szene in seinen Roman *Doktor Faustus* übernommen und ausgeschmückt hat.

Als ich vor einigen Jahren für einen »Literarischen Reiseführer Rheinland-Pfalz« den Westerwald als literarische Landschaft untersuchte, war ich heilfroh über diese Entdeckungen, denn markante Kulturspuren im Westerwald schienen mir durchaus überschaubar. Deussens eigenes Werk interessierte mich freilich am Anfang herzlich wenig. Ich war zwar schon viele Jahre Mitglied der Schopenhauer-Gesellschaft, wusste also, dass unser Oberdreiser Kopf Paul Deussen ihr Begründer war und die erste historisch-kritische Gesamtausgabe Schopenhauers herausgegeben hatte, doch was

33

Ehemaliges Pfarrhaus in Oberdreis, Deussens Elternhaus

sollte ich beispielsweise anfangen mit einem Werk, das den Titel trägt *Die Sutras des Vedanta oder die Shariraka-Mimansa des Badarayana*?

In Oberdreis am 7. Januar 1845 als Pfarrerssohn geboren, wuchs Paul Deussen mit sieben Geschwistern in einer landwirtschaftlich geschäftigen Pfarrei auf; seine Mutter unterhielt ein angesehenes Mädchenpensionat.

Deussenstraße in Oberdreis

Paul ging zunächst wie alle Oberdreiser Kinder zur Elementarschule und wechselte später auf ein Gymnasium in Elberfeld. Ab 1859 besuchte er die Fürstenschule Pforta bei Naumburg. Dort lernte er Friedrich Nietzsche kennen. Nach dem Abitur nahmen die beiden ihr Studium in Bonn auf. Auf dem Weg dorthin im Herbst 1864 und dann noch einmal 1865 über

34

Karneval war Nietzsche für einige Tage bei den Deussens in Oberdreis zu Gast. In einem Brief an seine Schwester Elisabeth wird er später dem Westerwald nachsagen, er sei »grua-, grua-, gruselich kalt«. Ein andermal spricht Nietzsche von dem »glücklichen Oberdreis« – unschwer ist da die Ironie herauszuhören, wenn nicht gar der Seufzer der Erleichterung, dass ihm das Glück einer Oberdreis-Existenz erspart geblieben ist – wie auch ein »Schwager Paul«: als ihm die eigene Schwester eine Schwester Deussens als Lebensgefährtin ans Herz legte, wies er das Angebot höhnisch-höflich zurück.

Nach den ersten Semestern in Bonn studierte Deussen in Tübingen und Berlin, spezialisierte sich nebenher auf Sanskrit und las, von Nietzsche angeregt, intensiv Schopenhauer. Seine Doktorarbeit schrieb er, 1868 zu Hause in Oberdreis, über den Plato-Dialog *Sophistes*; lange Zeit blieb ihm der Sinn dieser Schrift verborgen, bis

Aus: Paul Deussen, Erinnerungen an Friedrich Nietzsche, Leipzig 1901

er sich ihm endlich bei einem Gang auf den Oberdreiser Kopf erschlossen habe, so Deussen in seinen Lebenserinnerungen. In den Ferien vertrat er nicht selten seinen alten Vater im Gottesdienst. Er verstand sich durchaus als Christ, wenn auch eher in dem Sinne, dass der Kern aller Religionen identisch sei, »*mit einer anderen Schale, mag sie nun etwas mehr oder weniger vollkommen sein – unvollkommen sind sie alle.*«

Zunächst tätig als Lehrer in Minden und Marburg, übernahm er bald eine gutbezahlte Hauslehrerstelle bei einer russischen Adelsfamilie, um deren Sohn er sich in Genf und Aachen kümmerte – mit dem absurden Abschluss, dass sich sein Schüler bei einem Ehrenhandel erschießt. Er hielt erste Vorlesungen an den dortigen Universitäten, vertiefte sich in die heiligen Schriften Indiens und korrespondierte mit Nietzsche, der, sensationell früh in Basel zum Professor ernannt, ihn immer wieder provozierte, ihm

»Ekam sad vipra bahudha vadanti«
(Rigveda I, 146, 46)
»Die Wahrheit ist eine einzige, die
Gelehrten erklären sie auf vielfältige
Weise«. Deussen übersetzt: »Vielfach
benennen, was nur eins, die Dichter.«

etwa »Bauernstolz« vorwarf und ihn einen gelehrten »Kleinkrämer« nannte.

Wenige Jahre später sprach Nietzsche von dem »ersten wirklichen Kenner der indischen Philosophie in Europa, meinem Freunde Paul Deussen.« Der hatte sich 1881 in Berlin mit dem Werk *Das System des Vedanta* habilitiert, die 19 Jahre jüngere Marie Volkmar geheiratet und war schließlich Professor für Philosophie in Kiel geworden, wo er, zuletzt halberblindet, bis zu seinem Tode am 6. Juli 1919 als international geschätzter Denker wirkte, der erste Universitätsphilosoph überhaupt, der in Wort und Schrift die altindische

Gelehrtensprache, das Sanskrit, beherrschte, und dies in einer brahmanischen Priestern ebenbürtigen Kompetenz. Der Hindu-Heilige Vivekananda, ein Schüler Ramakrishnas, hat ihn in Kiel besucht.

Von hier aus machte er immer wieder weite Reisen, anfangs auch mit seiner Frau. So suchten sie Friedrich Nietzsche in seinem Schweizer Bergnest Sils-Maria auf; der Freund war von der jüdisch-melancholischen Schönheit Mariechens beeindruckt. 1891/92 unternahmen sie eine halbjährige Indienreise, wo ihm die hohe Ehrung der Umgürtung mit der heiligen Opferschnur der Brahmanen zuteil wurde und die sanskritische Form seines Namens: Devasena. Am liebsten aber fuhr Deussen nach Rom zu seiner Freundin Hen-

Ornament von Ernst Schneidler. Aus: Die altindi-
sche Philosophie nach den Grundworten der Upa-
nishads. Übersetzt von Paul Deussen. Jena 1914

riette Hertz, einer Kunstmäzenin – wie seine Frau deutsch-jüdischer Herkunft –, die 1912 an der Via Gregorina ein bedeutendes kunsthistorisches Institut gründete, die »Bibliotheca Hertziana«. Mehrfach kam er auch zurück in sein Heimatdorf. Hatte schon Nietzsche in einem Brief an seine Schwester Elisabeth gefragt: »Willst Du nicht einmal Oberdreis ansehn?«, so ist diese Frage heute um so berechtigter, zumal sich hier, gleich neben der evangelischen Kirche, Deussens Elternhaus und Grabstätte befinden.

Falls Sie auf Deussen neugierig geworden sind: Fangen Sie mit dem ersten Band seiner Philosophiegeschichte an, der Sie behutsam, vom bekannten Denken des Westens ausgehend, ins Indische führt. Lesen Sie in Ergänzung meiner Biographie Deussens eigene Erinnerungen an Friedrich Nietzsche, beschaffen Sie sich seine *Elemente der Metaphysik*, deren wunderbare Schluss-Sätze an Kant gemahnen, an dessen Aussage *vom bestirnten Himmel über mir und dem moralischen Gesetz in mir*. Und falls Sie ein Faible haben für das fernöstlich Meditative, vielleicht angeregt durch eigene Yoga-Übungen, so nehmen Sie seine weltberühmte Upanishaden-Übersetzung zur Hand.

Paul Deussen, durchaus klischeehaft sich vorzustellen als wilhelminischer Professor mit Schlapphut und Gehrock, weißem Bart und Goldbrille: ein Geistessouverän, alle Barbarei und Gewalttätigkeit verabscheuend, also auch den Ersten Weltkrieg: ein Pionier als Übersetzer heiliger Hindu-Schriften, ein *global philosopher,* dessen Stimme im heutigen interreligiösen Diskurs weiterhin Gehör verdient. Sein Werk war z. B. für Hesse, Gandhi, Max Beckmann, Jorge Luis Borges oder Erwin Schrödinger Quelle und Anregung. Ja, es ist ungemein lohnenswert, sich mit dem Denk- und Lebensweg dieses Westerwälders zu beschäftigen, der, vom Dorfe kommend, auszog, im *Weltdorf* die metaphysische Vielfalt zu studieren, beseelt von der Ahnung ihrer geheimen Einheit, bestrebt, nationale und religiöse Enge zu überwinden.   HF

E i n e n Nutzen wird das allgemeinere Bekanntwerden der indischen Weltanschauung doch haben, diesen nämlich: uns zum Bewußtsein zu bringen, daß wir mit unserm gesamten religiösen und philosophischen Denken in einer kolossalen Einseitigkeit stecken, und daß es noch eine ganz andere Art, die Dinge anzufassen, geben kann.

Paul Deussen

Denken mit Deussen

Die schöne Ruhe in den Deussen-Schriften, der seine Gedanken am liebsten laut vortrug, vor großem Publikum. Bei Nietzsche hat man in aller Lesestille den Eindruck, angeschrien zu werden.

Der Tod schien ergeben gewartet zu haben, bis Deussen mit seiner Philosophiegeschichte von den Ursprüngen übers Mittelalter in der Neuzeit, vom Orient wieder im heimischen Okzident angelangt war.

Die verblüffende Ähnlichkeit des Steinblocks bei Surlej im Engadin, wo Nietzsche 1881 sein mystisches Erlebnis der Ewigen Wiederkunft hatte, mit dem Beilstein bei Oberdreis im Westerwald, in dessen Nähe dem jungen Deussen 1868 urplötzlich das unwandelbare Eine im Schein der Vielheit aufleuchtete. Deussens Basaltbrocken, Nietzsches Granitfels – »große, leise sprechende Natur«.

Neben dem Beilstein gibt es in Oberdreis ein zweites Naturdenkmal: eine uralte Eibe. Auch Nietzsche wird sie bei seinem Aufenthalt in Oberdreis gesehen haben. Seither ist im Ort die Redewendung geläufig: Wenn du zur Eibe gehst, vergiß den Nietzsche nicht.

Nietzsche, der Un-Freund, der fortwährend Bedingungen stellte. Deussen war im Grunde mit allen Menschen gut Freund, nur mit einem nicht, mit Nietzsche. Nietzsche gekannt, erduldet, überstanden zu haben – eine Lebensleistung an sich.

Deussens Fahrt in Eilzügen durch Indiens Nächte, als trüge es ihn beinahe schon außerhalb von Raum und Zeit an das Ziel der immerwährenden Wahrheit; die moderne Beschleunigung als metaphysische Hilfe, und keine Pferde-, Kuh-, Elefantenstärke.

Immer wieder lugt aus den Schriften Deussens der lustige Paul hervor, so wenn er im Index die *Heiligen Wahrheiten* zwischen *Hasenhorn* und *Heuhund* plaziert, *Frauen, mehrere* erlaubt, die *Tänzerin* weit, weit vor dem *Tod* auftreten läßt, dann aber festhält: *Weiber ausgeschlossen.*

… »etwas so völlig Sinnloses und daher gerade besonders Geeignetes wie die Silbe Om …«

Aus: Heiner Feldhoff, Paul Deussen und ich, Nachträge aus Oberdreis. 2011

Der malende Messias

Er war ein charismatischer Mensch, der niemanden kalt ließ, der ihm begegnete. Die einen verehrten ihn als visionären Maler und Messias einer Naturreligion, die anderen verhöhnten ihn als Kohlrabi-Apostel. Das Leben des Künstlers Diefenbach war ein ständiger Kampf mit der erstarrten Bürgerlichkeit der Jahrhundertwende, mit seinen widersprüchlichen Triebkräften und seinen vielen Krankheiten.

In Hadamar, am Rande des südlichen Westerwalds, wird er am 21. Februar 1851 in eine arme, sehr religiöse Familie hineingeboren. Vom Vater, Zeichenlehrer am Gymnasium, erbt er die künstlerische Begabung, aber auch die Anfälligkeit für Krankheiten. Und die fürsorgliche Mutter hinterlässt ihm seine lebenslange Sehnsucht nach einer hingebungsvollen Frau, die »*wie Wachs mich umfließt*«. Vom Wunsch beseelt, Maler zu werden, bricht er die Schule ab, schlägt sich als Gehilfe eines Fotografen durch, bis er es an die Kunstakademie in München schafft. Als seine Eltern 1875 kurz hintereinander sterben und er in lähmende Trauer verfällt, kritisiert ihn der Herzog von Nassau, der sein begabtes Landeskind mit Aufträgen und Stipendien fördert, er solle sich mehr um seine Entwicklung als Künstler sorgen. Stolz antwortet Diefenbach: »*Hoheit, meine Aufgabe ist es in erster Linie, Mensch zu sein.*«

An der Akademie werden seine Gemälde, die von der mystisch-symbolischen Kunst Franz von Stucks und den Historienschinken von Piloty beeinflusst sind, durchaus anerkannt. Jedoch wird seine Ausbildung unterbrochen durch eine schwere Typhus-Erkrankung, die wegen eines ärztlichen Fehlers schließlich zum Verlust großer Teile der Muskulatur des rechten Armes führt. Die andauernde Vereiterung heilt er 1878 durch eine wochenlange Traubenkur in Italien. Das ist das Schlüsselerlebnis für seine Lebensreform! Vier Jahre später gründet er in München den Verein »Menschheit«, der das Programm einer neuen natürlichen Lebensweise vertritt: Radikaler Verzicht auf Fleisch, Alkohol, Koffein und Tabak – und das mitten im Eldorado der Schweinshaxen und des Bieres. Gegen die Fischbeinkorsetts für Damen, die ihren Brustkorb verformen, und die steifen Kragen für Herren, sogenannte »Vatermörder«, propagiert er eine leichte wollene Kleidung für beide Geschlechter in der Art einer Mönchskutte. Langhaarig und mit wildwachsendem Bart wandelt er prophetengleich durch München und hält in großen Sälen gut besuchte Vorträge darüber, wie der Mensch leben sollte. Dazu gehört vor allem auch eine Abkehr von den christlichen Religionen mitsamt ihrer rigiden Sexualmoral.

Sein eigenes Verhalten erscheint dabei allerdings ethisch fragwürdig. Zunächst geht er eine Liebesbeziehung mit Maximiliane Schlotthauer ein, die er beim Schlittschuhlaufen kennen lernt, trennt sich aber von ihr, weil sie ihm ein uneheliches Kind aus einer früheren Beziehung verheimlichte. Doch lässt er sie nie ganz los, denn immer wieder ruft er seine »Maja« zu sich, wenn es ihm dreckig geht. Parallel zu dieser Affäre hat sich ihm Margarete Atzinger als Krankenpflegerin so weit genähert, dass sie von ihm schwanger wird und 1880 den Sohn Helios zur Welt bringt. Durch seelische Erpressung gelingt es ihr, ihn in eine – wie sich später erweisen wird – Ehehölle zu drängen. Am Tag nach der Hochzeit flieht Diefenbach auf den Hohenpeißenberg in die Einsamkeit. Beim Anblick der aufgehenden Sonne und der erleuchteten Kette von Alpengipfeln widerfährt ihm dort ein Erweckungserlebnis: »*Erkenne, Menschheit, deine Mutter, die NATUR, die rein und frei als höchstes Wesen dich geboren…*«

Dass immer mehr junge Männer und Frauen diesem faszinierenden Guru am Kuttenzipfel und, wenn weiblich, an den Lippen hängen, reizt das Münchner Bürgertum und die Obrigkeit ungemein. Auf der Straße wird ihm »Orang-Utan« und »Kohlrabi-Apostel« nachgerufen, seine Vorträge werden verboten, und die Presse feindet ihn an. Vor diesen Angriffen zieht sich Diefenbach mit Familie und Gefolgschaft in einen Steinbruch bei Höllriegelskreuth zurück und gründet in einem verlassenen Arbeiterhaus seine erste Kommune: HUMANITAS, Werkstätte für Religion, Kunst, Wissenschaft.

Hier stößt als Malschüler der junge Hugo Höppener zu ihm, den Diefenbach »Fidus«, der Getreue, nennt, ein Künstlername, mit dem Höppener später als Jugendstil-Maler bekannt wird. Fidus hilft seinem oft bettlägerigen »Meister«, das große Gemälde »Kindermusik« zu vollenden, später unter dem Titel »Per aspera ad astra« berühmt geworden, ein Fries von 68 Metern Länge, der heute im Schlossmuseum Hadamar zu bestaunen ist.

»Per aspera ad astra« (Eine Tafel des Frieses, aufgenommen im Schlossmuseum Hadamar)

Doch Diefenbachs Gegner belauern ihn. Ein Gendarm beobachtet die nackt in der Wildnis von Höllriegelskreuth herumtollenden Kinder Helios und Stella und sieht auch Fidus, der »im adamitischen Kostüm seinen Allerwertesten unehrerbietig zum Himmel gerichtet« habe, so die Zeitung »Münchner Post« im August 1888. Diefenbach und sein Schüler werden im ersten Nudisten-Prozess Deutschlands wegen unsittlichen Gebarens angeklagt und verurteilt.

Von der Sensationspresse gejagt und von Schulden gedrückt nimmt Diefenbach 1892 den Vorschlag des Direktors des Österreichischen Kunstvereins an, seine Werke in Wien auszustellen. Die Ausstellung, für die er großformatige Bilder in kurzer Zeit malt, wird ein riesiger Erfolg. Angelockt von dem Ruf des Künstlers als skandalöser Bürgerschreck eilen die Neugierigen zu Zehntausenden herbei. Die beträchtliche Summe der Eintrittsgelder unterschlägt Direktor Terke und treibt Diefenbach durch ein betrügerisches Darlehen auch noch in den Ruin und die Obdachlosigkeit.

Mit seiner Familie und einer kleinen Schar seiner Getreuen verlässt er Österreich und wandert zu Fuß über die Alpen nach Italien. Schließlich landet er am Gardasee, wo er Unterkunft auf einem Besitztum der Herzogin von Ferrari findet. Angetan von seiner Kunst finanziert sie ihm eine Reise nach Ägypten, wo er sich mit seinem Gefolge in einer kleinen Villa bei Kairo niederlässt. Die Besichtigung der Sphinx in Gizeh beflügelt ihn zu dem monumentalen Entwurf eines 250 Meter langen und 40 Meter hohen Tempels »HUMANITAS« – Zeugnis des Größenwahns, der ihn so manches Mal packt.

Zurückgekehrt aus Ägypten versucht Diefenbach, noch einmal in Österreich Fuß zu fassen. In Himmelhof bei Wien gründet er 1897 eine Landkommune, die Vorbild für viele der folgenden ökologischen und spirituellen Experimente des Zwanzigsten Jahrhunderts wird. Bis zu 20 Jünger und Jüngerinnen sammeln sich um ihn und seine Lehre, darunter der junge Gusto Gräser, der später die legendäre Gemeinschaft auf dem Monte Verità bei Ascona gründet, von der sich Hermann Hesse und viele andere Geistesgrößen inspirieren lassen. Doch das Zusammenleben in Himmelhof ist konfliktreich. Diefenbach tritt sehr patriarchalisch auf, verlangt von allen Jüngern Tagebuchaufzeichnungen, die er kontrolliert, und fordert Keusch-

Diefenbach in der Kommune »Himmelhof« bei Wien

heit innerhalb der Gemeinschaft, ein Gebot, das für ihn nicht gilt. Nach und nach verlassen ihn deshalb die besten Köpfe der Kommune, an der Spitze sein Lieblingsjünger Gräser.

Ein letztes Mal macht sich Diefenbach auf, um endlich an einem paradiesischen Ort zur Ruhe zu kommen. Über die Zwischenstation Triest erreichen er und die Seinen Capri, wo er schließlich in der »Casa Grande« auf einer Klippe über dem Mittelmeer seine Lebensflucht enden lässt. Obwohl von allen möglichen Gebrechen geplagt, zieht Diefenbach auf Capri eine Reihe von jüngeren Frauen in seinen Bann, die ihn umsorgen, ab

Du sollst nicht töten, 1903

»Der Rettung entgegen«, Öl auf Leinwand, Capri 1913

43

und zu auch sexuell. Noch einmal gerät er in einen Schaffensrausch, malt die Fels- und Meerlandschaft, wird mit seinen Bildern wohlhabend. Doch wird er als Künstler nur auf der Insel wahrgenommen, in Österreich und Deutschland ist er vergessen.

Bis in seine letzten Tage arbeitend, stirbt am 15. Dezember 1913 der Verkünder eines befreiten Lebens, der oft Bewunderte und oft Verlachte – unter Qualen an einer Krebserkrankung. CG

Margaretha Flesch

1826-1906
Ordensgründerin
Waldbreitbach

O du selige Mutter Rosa

Pilgern ist in Mode, selbst der strapaziöse Jakobsweg findet mehr und mehr Zulauf. Manchen genügt indes ein besinnliches Gehen vor den Klostertoren daheim, z. B. im Nistertal oder im Wiedtal. So ist denn der Westerwald eine gesegnete Landschaft? In materieller Hinsicht gegenwärtig gewiss, doch auch geistlich? Offenbar gibt es einen Zusammenhang zwischen äußerer Armut und religiösem Reichtum: Aus der Not sprießen zuweilen die schönsten Tugend- und Glaubensblüten hervor, auch im gar nicht so unglücklichen 19. Jahrhundert, und eine solche nannte sich, als sie 1863 ihre katholische Genossenschaft gründete, Maria Rosa.

Begibt man sich heute auf den Höhen vor Waldbreitbach zur weithin sichtbaren Klosteranlage der »Franziskanerinnen von der allerseligsten Jungfrau Maria von den Engeln«, so gewahrt der aufmerksame Besucher sogleich, wie spirituell und unternehmerisch lebendig sich das von Margaretha Flesch ins Leben gerufene karitative Werk präsentiert und welche posthume Verehrung der Seligen hier zuteil wird, als solle nachgeholt werden, was ihr auf das Hinterhältigste zu Lebzeiten verweigert worden ist. Doch der Reihe nach.

Ihr Geburtsjahr fällt in die nachnapoleonische Umbruchszeit. Im preußisch gewordenen Rheinland verlor der offizielle Katholizismus erheblich an Einfluss, die beginnende Industrialisierung, Landflucht und Missernten führten zu sozialem Elend, ins dörfliche Abseits gelangte kaum je ein

45

Arzt, Waisenkinder fielen zur Last und wurden nicht selten in die Fremde verkauft. Auch Margaretha Flesch geriet in ihrer Jugend in eine prekäre Familiensituation. Geboren wird sie am 24. Februar 1826 als Tochter eines Ölmüllers in der Klostermühle von Schönstatt bei Vallendar, als Sechsjährige verliert sie ihre Mutter, eine Witwe kommt als Stiefmutter mit eigenen Kindern ins Haus. 1838 zieht die Familie in die Keltermühle im Fockenbachtal, vier Jahre später stirbt auch der Vater. Nun ist Margaretha als Älteste von sechs Geschwistern mitverantwortlich für den Lebensunterhalt, indem sie z. B. Heilkräuter sammelt und an den Apotheker verkauft. Die Lage wird noch schwieriger, als die Stiefmutter ein uneheliches Kind zur Welt bringt.

Die hübsche Margaretha wird inzwischen selber von jungen Männern umworben, doch nach der Teilnahme 1844 an der Heilig-Rock-Wallfahrt nach

Kreuzkapelle mit Stationsweg zum Kloster (1912)

Trier, wo sie einem Priester erzählt, sie habe einst im Traum ihrem Schutzengel versprochen, als Jungfrau »schlicht und einfach unter den Menschen zu leben«, reift in ihr der Entschluss, ein eigenes »Klösterchen« zu errichten, um Armen, Alten und Waisen helfen zu können. Im Herbst 1851 zieht sie mit ihrer Schwester Marianne, die an der Fallsucht, der Epilepsie, leidet, in eine leerstehende unbeheizte Klause der Kreuzkapelle, zwischen Hausen und Waldbreitbach direkt an der Wied gelegen. Geld verdient sie sich als Näherin und als Aushilfslehrerin in den Nachbardörfern, sie pflegt Kranke, kümmert sich um Waisenkinder.

Dann, zehn Jahre später, muss sie zugunsten eines früheren Schulkameraden, des gelernten Schuhmachers Peter Wirth, die Klause verlassen, der, auf Drängen des Ortspfarrers Jakob Gomm, mit einem Freund hier einziehen soll. Auch er trägt sich mit der Absicht, eine franziskanische Gemeinschaft zu gründen, und Pfarrer Gomm sieht in ihm offenbar den Geeigneteren. Margaretha, in eine Mietwohnung verbannt, gibt nicht auf. Sie kommt auf den abenteuerlichen Gedanken, oben auf dem Kapellenberg, auf den von alters her ein steiler felsiger Kreuzweg führt, ihr eigenes Klösterchen zu erbauen. Vergeblich sucht der

Peter Wirth (Bruder Jakobus) mit einem Waisenknaben

Pfarrer ihr dieses Vorhaben auszureden, doch wider Erwarten bekommt sie die notwendigen Gelder und Genehmigungen zusammen; monatelang schleppen »dat Jritt« und die beiden Gefährtinnen, die sich ihr angeschlossen haben, das Baumaterial mit der Hotte auf dem Rücken hinauf; auch ihr Stiefbruder Ägidius hilft ihr. Und das Erträumte wird Wirklichkeit: 1863, das Marienhaus und ein kleiner Krankentrakt sind inzwischen fertig, darf sie die Gelübde ablegen, sie verpflichtet sich in der Profess zu Armut, Gehorsam, Keuschheit und nimmt den Namen Maria Rosa an, Rosa nach der heiligen Rosa von Viterbo.

Erstaunlich genug: Fast gleichzeitig gründen in Waldbreitbach und gegenüber in Hausen Bruder Jakobus alias Peter Wirth und Mutter Rosa alias Margaretha Flesch franziskanische Gemeinschaften, die bis in unsere Tage hinein in engagierter Nächstenliebe tätig sind. Ausgangspunkt war für beide die Kreuzkapelle, eine Westerwälder »Portiunkula« (so nennt sich die historische Kapelle des Franz von Assisi). Zitat Mutter Rosa: »*Der liebe Gott sucht das Kleine aus, wenn er Großes vorhat.*«

Das Werk expandiert rasch, nah und fern entstehen Filialen. Da unterbricht 1870 der Deutsch-Französische Krieg ihre Arbeit und ruft »alle barm-

Ölgemälde von Octavie de Lasalle, ca. 1866

herzigen Schwestern« in die Lazarette, auch Mutter Rosa ist dabei und pflegt die Verwundeten, wofür sie nach dem Krieg das »Eiserne Kreuz« erhält, zu einem Zeitpunkt also, als der Kulturkampf alles Katholische schikaniert und einschränkt. Doch in einem »Gesicht« glaubt Mutter Rosa zu erkennen, dass ihr der Kaiser Wilhelm wohlgesonnen ist. Ihre Visionen teilt sie auch einer Freundin mit, der Adligen Octavie de Lasalle, die auf Schloss Dagstuhl bei Wadern lebt, wo die Waldbreitbacher Franziskanerinnen eine Filiale gegründet haben. Dreißig Jahre zuvor hatte sich Octavie in Bad Ems mit eben diesem Wilhelm eingelassen, als er noch General und Prinz von Preußen war, und von ihm ein Kind bekommen. Sie führte hernach ein frommes Leben und betätigte sich als Malerin, ihr Porträt einer jugendlichen Mutter Rosa in Ölfarbe auf Zinkblech idealisiert die reale Margaretha Flesch ins Engelhafte. Diese selbst fertigt in den wenigen freien Stunden, die ihr neben Arbeit und Gebet bleiben, nazarenisch-romantische Stickbilder; in ein Bild vom hl. Josef stickt sie die Namen der ihr wesentlichen Tugenden, zuunterst rangiert, als Fundament, die Demut. Diese christliche Grundtugend, von Nietzsche zur gleichen Zeit als Sklavenmoral denunziert, wird schließlich zu ihrer größten, 28 Jahre währenden Herausforderung.

Nach den Statuten kann sie 1878 – mittlerweile wirken nahezu hundert Schwestern in 21 Filialen – als Generaloberin nicht wiedergewählt werden, Eifersüchteleien, Intrigen, Manipulationen vor allem ihrer Nachfolgerin Agatha Simon und des geistlichen Rektors Konrad Probst verhindern

Mutterhaus auf dem Waldbreitbacher Klosterberg

auch ihre drei Jahre später mögliche Wiederwahl: sie wird zur einfachen Schwester degradiert und abgeschoben, weit fort, u.a nach Niederwenigern, sprechender kann der Name nicht sein. Eine schwere Kränkung, von der sie sich nie mehr recht erholt, auch wenn sie selbst sagt: »*Die Demütigungen und Beleidigungen sind die Perlen der Bräute Christi.*« Kurzfristig regt sich Widerstand in ihr, immerhin sind die meisten Liegenschaften auf ihren Namen eingetragen, könnte sie nicht eine neue Genossenschaft gründen?

Doch sie gibt der Versuchung nicht nach und schickt sich in ihr Los, wird in Niederwenigern gar zur Namenlosen, da hier bereits eine Maria Rosa lebt und während des Kulturkampfes Aufnahme bzw. Versetzung von Ordensschwestern untersagt sind. Aus Sorge, sie könne der Gemeinschaft doch noch schaden, wird sie ins Mutterhaus zurückbeordert, wo sie als einfache Schwester, ins Schweigen abgedrängt, ihre letzten Jahre zubringt: Ihre Aufzeichnungen werden vernichtet, aber die junge Schwester Marzella Schumann schreibt heimlich die mündlichen Erinnerungen der zuletzt Schwerkranken auf. Am 25. März 1906 stirbt Margaretha Flesch, 80 Jahre alt.

1957 beantragt, fand die Seligsprechung der Mutter Rosa am 4. Mai 2008 im Trierer Dom statt. Joachim Kardinal Meisner verlas bei dem feierlichen

Ritus das Apostolische Schreiben von Papst Benedikt XVI. Der Sarkophag mit den Gebeinen der Seligen wurde vier Tage später ins Wiedtal zurück überführt, zunächst zur Kreuzkapelle, wo alles angefangen hatte, und schließlich wieder hinauf in die Mutterhauskirche der Franziskanerinnen.

HF

Der Sünder ist der Mensch, der seinen Mittelpunkt allein in sich selbst hat, um sich kreist, sich selbst Gott ist. Der Heilige hat (nach einem Wort von S. Weil) seinen Mittelpunkt aus sich heraus verlegt. So kann er auf überraschende Weise fruchtbar werden. Für mich ist es erschreckend und faszinierend zugleich, zu sehen, wie radikal Mutter Rosa diese Haltung gelebt hat.
Stephan Ackermann, Weihbischof, 2008

Pionierin der Frauenbewegung

Ihren schönen Familiennamen hat die Freudenberg lebenslang nicht abgelegt, es gibt in ihrer Vita keinen Mann an ihrer Seite, wohl aber enge Freundinnen und Lebensgefährtinnen. Im Westerwald hat Friederike (genannt Ika) Freudenberg nur die kürzeste Zeit gelebt.

Als fünftes Kind, nach vier älteren Brüdern, kommt Ika am 28. März 1858 in Raubach als Tochter des Unternehmers Johann Philipp Freudenberg und seiner Frau Caroline zur Welt. Schon bald darauf lässt sich der Besitzer der Raubacher Hütte als Privatier in Wiesbaden nieder, wo die Familie ein großbürgerliches Leben führt, das den Söhnen eine qualifizierte Ausbildung ermöglicht. So entwickelt sich der Sohn Philipp zu einem erfolgreichen Kaufmann, der später auf Ceylon ein weltweit agierendes Unternehmen gründet. Der mit der Familie Freudenberg gut bekannte Paul Deussen (s. S. 33) hat anlässlich seiner Indienreise dem »König von Ceylon«, wie er scherzhaft genannt wurde, 1894 einen Besuch abgestattet.

In der Familie gibt es nicht nur das merkantile Talent. Wilhelm Freudenberg ist als Komponist tätig und gründet in Wiesbaden ein Konservatorium. Die künstlerisch hochbegabte Ika studiert in Berlin Musik und hätte eine Karriere als Konzertpianistin einschlagen können, doch sie entscheidet sich zunächst, finanziell ohnehin unabhängig, die Pflege einer Freundin zu übernehmen, was sie bis Mitte Deißig an ihre Heimatstadt bindet.

Zu den sozialen Konflikten jener Dekaden vor der Jahrhundertwende gehört auch die »Frauenfrage«. In den Städten bilden sich zahlreiche Frauenvereine, in denen erste Forderungen, z.B. zur gymnasialen Mädchenerziehung, diskutiert werden. Seit 1848, wenn auch rigide eingeschränkt, was die Versammlungsfreiheit betrifft, haben sich Louise Otto-Peters als Mitbegründerin des Allgemeinen Deutschen Frauenvereins, Hedwig Dohm mit theoretischen Schriften und Helene Lange mit wirkungsvollen politischen Initiativen als Wegbereiterinnen hervorgetan. Es sind vor allem gutbürgerliche Frauen, die das Recht auf höhere Schulbildung und Erwerbsfreiheit einfordern. Immerhin werden 1892 in Preußen Mädchen als Externe zum Abitur zugelassen.

1893 verlässt Ika Freudenberg Wiesbaden und geht nach München. Hier lernt sie das unkonventionelle Freundinnenpaar Anita Augspurg und Sophia Goudstikker kennen, die in der Von-der-Tann-Straße 15 ihr bereits berühmtes Fotoatelier Elvira betreiben, auch sie temperamentvoll engagiert in der Frauenbewegung, die zudem Fahrrad fahren und im Herrensitz durch den Englischen Garten reiten. Ika Freudenberg mischt in München in Sachen Gleichberechtigung auf Anhieb entscheidend mit. In seinem Roman *Das dritte Geschlecht* hat der Schriftsteller Ernst von Wolzogen diesen Kreis künstlerischer und selbstbewusster Frauen beschrieben; Fräulein Freudenberg tritt in dem Buch als die vornehme, sympathische Meta Echdeler auf, als »liebenswürdige Vorsitzende des Vereins zur Evolution der femininen Psyche«.

Denn kaum ein Jahr nach ihrer Ankunft in München ist sie zusammen mit Anita Augspurg an der Gründung einer Gesellschaft beteiligt, die die »geistigen Interessen der Frau« fördern will. Bei allem Verfolgen konkreter Ziele, wie das kommunale Frauenwahlrecht, Rechtsschutz und verbesserte Arbeitsbedingungen für Dienstmädchen, Kellnerinnen und Schauspielerinnen – es geht den gemäßigten wie auch radikalen Mitgliedern der ersten Frauenbewegung um die sittliche Grundlegung einer wahren Gleichberechtigung. 1897 gibt sich die Münchener Gruppierung den Namen »Verein für Fraueninteressen«; er besteht noch heute. Damals lernt auch Theodor Heuss Ika Freudenberg kennen als »Frau von einer zarten, schlanken Anmut«, sie hätten für die öffentlich so Couragierte in München eine Art Leibgarde gebildet.

Inzwischen lebt sie mit Sophia Goudstikker zusammen, die beiden ziehen in den Neubau des Fotoateliers, der wegen seiner ungewöhnlichen Gestaltung mit einem kolossalen Drachenemblem, so wird es gedeutet, auf meergrüner Fassade zu einer Jugendstil-Attraktion in der bayerischen Hauptstadt wird. (Tatsächlich handelt es sich um das erste abstrakte Werk der Kunstgeschichte, es zeigt auch keinen Drachen, sondern ist Ausdruck frei wogender Gefühle.) Häufig zu Besuch weilt hier Gertrud Bäumer, die über den Kontakt zu Helene Lange zu einer der Führerinnen der deut-

Fotoatelier Elvira, 1896, gebaut von August Endell

schen Frauenbewegung geworden ist. Sie ist von der feinsinnigen, humorvollen, ausgleichenden Art der neuen Freundin Ika beeindruckt. In ihrem Buch *Gestalt und Wandel* hat sie in einem einfühlsamen Lebensbild aufgezeigt, in welcher Weise Ika Freudenberg die Geschichte der Frauenbewegung mitgeprägt hat.

1902 wird der Hauptverband der Bayerischen Frauenvereine gegründet und Ika Freudenberg dessen erste Vorsitzende. Rasch wächst der Verband auf 20.000 Mitglieder an. Auch dem Vorstand des Bundes Deutscher Frauenvereine gehört sie an. Sie schreibt Artikel, sie reist, hält Vorträge und will den »Stil des öffentlichen Lebens« verfeinern, durch Takt und Herzenswärme überzeugen. Ihre eigene Kraft schöpft sie vor allem aus Nietzsche-Schriften, aus der Musik, aus dem Klavierspiel. Um 1906 wird bei ihr Brustkrebs diagnostiziert, sie wird mehrfach operiert, über sechs Jahre zieht sich ihre Leidenszeit hin, und dennoch, sie bleibt unermüdlich tätig. In einem Brief an Gertrud Bäumer benennt sie ihr Seinsgefühl als »wundervolle Resignation bei vollstem Bewusstsein von der Schönheit und Größe des Lebens«.

Sie stirbt am 9. Januar 1912 und wird drei Tage später im Familiengrab auf dem Nordfriedhof in Wiesbaden beigesetzt. 2004 hat man in München eine Straße nach ihr benannt – eine solche Widmung stünde auch ihrem Westerwälder Geburtsort gut zu Gesicht. Auch heute, trotz der vielen sogenannten Gleichstellungsbeauftragten und bei allem »Respekt für die Pro-

53

vinz« (so der Titel eines ihrer Aufsätze) würde eine Ika Freudenberg sich vehement für Frauenbelange einsetzen, denn Deutschland ist auch 100 Jahre nach dem Tod dieser frauenfreundlichen gebürtigen Westerwälderin von vollendeter Gleichheit noch ein erhebliches Stück entfernt.

HF

Weißt Du, das: ein *Liebhaber* der Welt sein, ist mir zutiefst aus dem Herzen gesprochen. Ich könnte noch heute in manchen Momenten irgendein schönes Stück Erde, einen Baum oder so was, umarmen und mich mit einem Zärtlichkeitsgefühl auf die Erde werfen.

Aus einem Brief an Gertrud Bäumer

Die in der Kleinstadt gegebene Möglichkeit rascherer Erfolge muß nun freilich erkauft werden durch größere persönliche Opfer, durch mehr Aufwand persönlichen Mutes, als in der Großstadt erforderlich ist, wo die ganze Atmosphäre fortschrittliche Bestrebungen begünstigt, wo jede neue Lehre sofort ihr Publikum findet, das sie trägt und ihre Verkünder schützend umgibt. Und weil die Frau in der Provinz viel mehr einsetzen und viel mehr wagen muß, weil Spott und Feindseligkeit aller Art sie viel unmittelbarer und empfindlicher treffen, deshalb verdienen ihre Leistungen doppelte Anerkennung! Es ist oft leichter, sich von der Tribüne herab oder in der Zeitung mit den heftigsten Gegnern herumzustreiten, als den Nadelstichen der guten Bekannten standzuhalten ...

Aus: Respekt für die Provinz (1902)

Mancher hochgemute Mann, der »das Weib« als etwas Geheimnisvolles, Göttliches ansieht, tyrannisiert die Frauen seiner Umgebung aufs Unbefangenste, ohne durch diesen Widerspruch in sich selbst irgendwie gestört zu werden.

Aus Ika Freudenbergs erster Veröffentlichung 1892

Abstrakt ist schöner!

Es roch nach Hasenleim, als ich das Haus des Künstlers betrat, das »weiße Haus am grünen Hang / Darin die Farben spritzen.« Seit 1975 wohnt er hier in Wolfenacker, einem Ortsteil von Niederbreitbach, K.O. Götz, der Klassiker der Moderne, der Jahrhundertmaler, wahrlich ein alter Meister, in einem seiner Gedichte nennt er sich selber das Informel-Fossil.

Am 22. Februar 1914 wird Karl Otto Götz in Aachen geboren, wo er mit 18 Jahren beschließt, Maler zu werden und auf die Kunstgewerbeschule zu gehen. Beeinflusst von Picasso, Kandinsky, Klee, Max Ernst entstehen erste abstrakte Gemälde, denn »Abstrakt ist schöner«, davon bleibt er ein Leben lang überzeugt. In der NS-Zeit trägt ihm die Diffamierung der modernen Kunst als »entartet« 1935 ein Mal- und Ausstellungsverbot ein. Seinen Militärdienst leistet er bei der Luftwaffe ab, schon als Kind hat er unzählige Flugzeugmodelle gebaut und früh einen Segelflugschein erworben. In Dresden lernt er Otto Dix und den Kunstkritiker Will Grohmann kennen. Im Krieg ist er Nachrichtenoffizier in Norwegen auf einer Radarstation, wo er theoretisch und zeichnerisch an seiner »Fakturenfibel« arbeitet, einem Grundbuch künstlerischer Formelemente.

»Ich hatte ja drei Jahre Zeit, die Landschaft, das Meer zu beobachten«, sagte er mir, als ich ihn in Wolfenacker besuchte, um ihn für einen Literarischen Führer Rheinland-Pfalz zu befragen. Denn Götz ist auch ein bedeutender Dichter, es will bloß kaum jemand wissen, er selbst nur am Rande. Nach dem Krieg fährt er immer wieder nach Paris, lernt die Surrealisten kennen, die malende und schreibende Avantgarde, gibt eine eigene Zeitschrift heraus, namens *Meta*, veröffentlicht Gedichte von Paul Celan (die ersten, die von ihm in Deutschland gedruckt werden), eigene unter dem Pseudonym André Tamm, ist einziges deutsches Mitglied der Künstlergruppe COBRA (Copenhagen, Brüssel, Amsterdam), die 1949 für Aufsehen sorgt.

Zu seiner ganz eigenen künstlerischen Handschrift, nämlich zur Auflösung des klassischen Formprinzips, zum Gegenstandslos-Informellen, gelangt er, so ist es beinahe anekdotenhaft überliefert, als er im Herbst 1952 für seinen fünfjährigen Sohn Kleisterfarbe anrührt, sie auf einen Karton aufträgt, dann Gouache dazugibt und das alles ganz schnell mit Messer und Rakel aufreißt, »dann wieder mit Gouache hinein, und fertig war das Bild.« Mit seiner Ehefrau, der Dichterin Anneliese Brauckmeyer (später: Hager) und Sohn Alexander lebt er in Frankfurt, wo er als Mitglied der Gruppe QUADRIGA, der neben Götz Bernard Schultze, Otto Greis und Heinz Kreutz angehören, in der Zimmergalerie von Klaus Frank zum letzten Mal ein Ölgemälde ausstellt. Seine fortan mit dynamischen Pinselschlägen und Rakelzügen sekundenschnell mit ganzem Körpereinsatz am Boden hingeschleuderten Bilder sind ohne feste Formen, ohne Raumtiefe, es gibt nur noch Übergänge, Passagen, Farbflüsse, Schlieren und Spritzer.

»1953, in Paris«, erzählte mir der Meister, »stand Hans Arp furzend und lachend auf der Toilette des Musée d'Art Moderne, gab mir Geld für ein paar Exemplare des Buches, das ich von ihm herausgebracht hatte, mehr als ich verlangte; der verkaufte ja seine Skulpturen sehr gut. Ich wohnte damals im Hotel Deux Continents in der Rue Jacob.« Ja, dachte ich automatisch, er gehört beiden Kontinenten an: der (befremdend) formlosen Malkunst wie der (befreiend) sinnlosen Poesie. Götz-Erinnerungen, die mündlichen wie die in vier Bänden aufgeschriebenen – sie stellen eine äußerst unterhaltsame private Kulturgeschichte der Moderne dar; so beschreibt er zum Schießen komisch den martialischen Ernst Jünger oder Kurt Schwitters, der (1933) Hakenkreuze in den Schnee pinkelt. Über seinen Freund Édouard Jaguer kommt es zu wichtigen Einzelausstellungen in Paris, dann auch in den USA, die informelle Malerei ist plötzlich en vogue, selbst in Deutschland. 1959 erhält Götz eine Professur in Düsseldorf, die er zwanzig Jahre ausüben wird, er nimmt an der *documenta* und anderen internationalen Ausstellungen teil.

Ich hielt ihm einen Satz vor, den er in der Zeitschrift *Akzente* über das Abenteuer *Meta* geschrieben hatte: Die Malerei verlange den ganzen Men-

Aus: Yves Bonnefoy, L'encore aveugle / Der noch Blinde. Rimbaud Verlag, Aachen 1999

schen, man könne sich nicht teilen. »Und Sie haben sich doch geteilt«, sagte ich, »und Gedichte geschrieben.« »Nur nebenbei, ich bin Maler, ich bin der deutsche Erfinder des Tachismus«, sagte Götz. Kein Geometriker also, diese Richtung der abstrakten Malerei ist ihm in der Tat zu gemessen, zu kalt, sein eruptives Temperament will in den Bildern nichts *festhalten*, sondern im Gegenteil dynamische Bewegtheit gestalten. In seinen Werken sprüht, faucht, kocht, rast und blitzt es, passiert immer etwas, auch in seiner Dichtung, in der er die Buchstaben antanzen lässt, da ist Literaturlust pur, *Mundgluten*, Zungensprung, Gelächter, leere Transzendenz, aber auch Terror und Schrecken, Verhöhnung und künstliches Erbrechen, K.O.-Befreiungsschläge, alles sinnstiftend Bedeutsame kriegt *monströse Ohrfeigen* ab, ein Abstraktum wie das Wort Zuversicht wird zum großen schrägen Pudding erklärt.

K.O. Götz hat ein Dutzend Gedichtbände verfasst, zudem den surrealen Erzählband *Ely* sowie *Spuren der Maler*, lyrische Texte, die an seine Begegnungen mit anderen großen Künstlern erinnern, wie Josef Albers, Willi Baumeister, Joseph Beuys, Giorgio de Chirico, Max Ernst, Bruno Goller, Hans Hartung, Hundertwasser, Georg Meistermann, Francis Picabia, oder an Sigmar Polke, Gerhard Richter, H. A. Schult, seine heute so berühmten Schüler. Gleich zwei Texte handeln von Rissa, seiner Schülerin Karin Martin in Düsseldorf, die er nach der Scheidung von Anneliese 1965 geheiratet hat und die so ganz anders malt, gegenständlich, der Pop Art nahe. Gemeinsam mit Götz hat sie auch wissenschaftlich gearbeitet und kunstpsychologische, wahrnehmungstheoretische Untersuchungen vorgelegt.

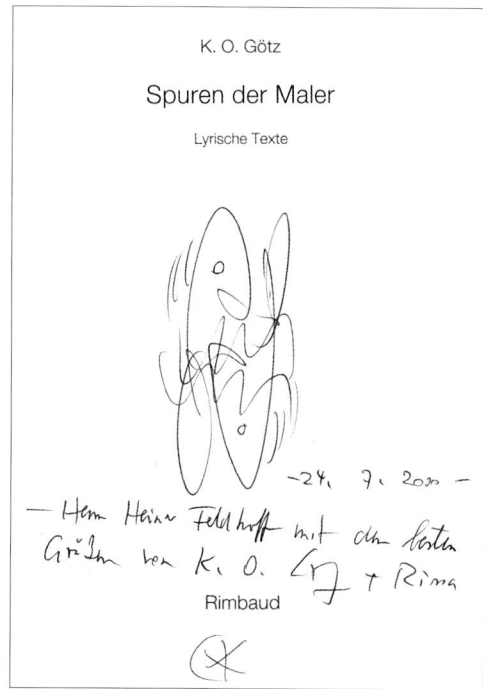

Widmung im Buch »Spuren der Maler«, Autograph plus Zeichnung

Künstlerisch leistet sich Götz im hohen Alter Seitensprünge und Nebenwege: Keramik, Stahlreliefs, Holzvögel. Zunehmende Erblindung hat an seinem Elan vital wenig geändert, denn schon immer hat er in den entscheidenden Momenten mit geschlossenen Augen gemalt. Von Auszeichnungen blieb er naturgemäß nicht verschont, wie dem Bundesverdienstkreuz 1. Klasse und der Ehrendoktorwürde, seine Bilder haben die auffälligsten und bedeutendsten Schauplätze weltweit gefunden, auch den Reichstag, mit »Jonction III,« einem Werk, das (im Titel) das Thema der Wiedervereinigung anspricht. Zum 100. Geburtstag des Künstlers hat eine große Ausstellung in der Neuen Nationalgalerie Berlin stattgefunden.

Aus: Yves Bonnefoy, L'encore aveugle / Der noch Blinde. Rimbaud Verlag, Aachen 1999

Doch bereits 1953, also in einem Jahr, als es für ihn so richtig losging, sagt Karl Otto Götz ein Wort, das er lebenslang wiederholen wird: »Die Spuren, die wir Maler auf dieser Welt hinterlassen, sind so wichtig oder unwichtig wie die Moränen, die ein Gletscher auf seiner eisigen Wanderung hinterlässt.«   HF

Werke des Schriftstellers K.O. Götz:
Erinnerungen I 1914-1945; Erinnerungen II 1945-1959; Erinnerungen III 1959-1975; Erinnerungen IV 1975-1999; Erinnerung und Werk, 1983; Zungensprünge, Gedichte 1945-1991; Sternensprünge, Gedichte, 1992; Im Nebel zweier Äxte, Gedichte, 1994; Augenmoose, Gedichte, 1995; Im Labyrinth einer Revolte, Notizen, 1997; Spuren der Maler, Lyrische Texte, 2000; Asphaltgewitter. Gedichte, 2003. Ely, 71 Kurzgeschichten, 2003. Freiheitstropfen, Gedichte, 2005. Trillermesse, Gedichte, 2013.

Der tönende Strauß

Die Farbe eines Augenblicks
Das göttliche Lachen deines Haares
Die Unvernunft deiner duftenden Glieder
Deine schimmernde Hand
Dein Gang
Und dein Gruß
In der Nacht eines frühen Morgens gepflückt
Zu einem tönenden Strauß
Dessen Lieder abtropfen am Mittag
Und besingen:
Die lachende Farbe deines göttlichen Schimmers
Die unvernünftige Hand eines Augenblicks
Den Duft deines Ganges
Und den Gruß deiner Haare

Ein Strauß voller Lachen
Ein Strauß aus Gliedern
Die zum Gruß sich recken

Der Gang der Nacht durch den singenden Morgen
Die tönenden Farben des Mittags
Ein einziges Lied
Eines einzigen Tropfens
Göttlicher
Unvernunft

Aus: Zungensprünge, Gedichte 1945-1991, Rimbaud Verlag, Aachen 1992

Johannes Gross
1932-1999
Publizist
Neunkhausen

Ein deutscher Meister der Pointe

Der kleine Gross war ein Gernegross, aber er war auch ein Großer, der ganz oben mitmischte in der Welt der Intelligenz, der Eleganz, des Kapitals. Er war Krawattenmann des Jahres 1988, schätzte die edlen Genüsse, das Savoir-vivre. Er selbst hat erzählt, er habe einmal seinem Verleger eine Flasche Dom Pérignon in Rechnung gestellt, wegen eines dienstlichen Gespräches mit einer wichtigen Persönlichkeit: mit ihm selbst.

Johannes Gross, am 6. Mai 1932 in Neunkhausen geboren, am 29. September 1999 verstorben, ist ein Nachkomme des frommen Siegerländer Dichters Johann Heinrich Jung-Stilling, den Goethe einst bekannt gemacht hat. Der Kaufmannssohn Gross studierte in Marburg Jura, war Aktivist im *Ring Christlich-Demokratischer Studenten (RCDS)* und besuchte regelmäßig den – milde formuliert – umstrittenen Staatsrechtler Carl Schmitt in Plettenberg. Nach dem 1. Examen ging er sogleich zum Journalismus über, war bei der »Deutschen Zeitung«, dann beim Deutschlandfunk, wurde 1967 Chefredakteur der »Deutschen Welle«, später bei »Capital« und brillierte im Fernsehen als Moderator der »Bonner Runde«. Als er für den Chefposten des »Stern« vorgeschlagen wurde, protestierte die Redaktion. Größtes Ansehen errang Gross von 1981 an mit seinem wöchentlichen »Notizbuch« in der FAZ, das auch in Buchform erschienen ist. Heute ist das Buch dieses Spötters immer noch zu haben, zum Spottpreis.

Seine aphoristischen Aufzeichnungen, die er mit den scharfsinnigsten Pointen würzte, stehen, sofern sie über das Zeitgeschehen hinausweisen, in der Tradition eines Nicolas Chamfort oder anderer französischer Moralisten. Ohnehin war Gross ein Frankophiler, hatte ein Ferienhaus bei Nizza, eine Wohnung auf der Île Saint-Louis in Paris. Um es mit einem französischen Wort zu sagen: Ihn kennzeichnete, was heutigen Medienstars zumeist fehlt: Esprit. Immer wieder bedauerte er, dass die Zahl der klassisch Gebildeten dahinschwindet, dass ein kultiviertes gehobenes Bürgertum sich auflöst. Ein auf der biblischen und griechischen Kultur basierender Wissenskanon war für ihn die Conditio sine qua non. Er war ein Elitärer aus Überzeugung.

Ein Großkopf, intellektuell wie physisch. Im Kinn die Kerbe des Machtmenschen, heißt es in einem Spiegel-Porträt. Politisch war er auf dem linken Auge blind, manchmal auch unfair. Als Konservativer setzte er sich dem Vorwurf sozialer Kälte aus. Die bis heute fortschreitende Sozialdemokratisierung der CDU hätte er heftig attackiert. »Wo der Mensch im Mittelpunkt steht, ist für die meisten Leute kein Platz« – so ein böses, also ein gutes Bonmot von Johannes Gross. Ein anderes: »Politiker zu kaufen, ist altmodisch. In der modernen Demokratie kauft man Wähler.« Und er beklagte, wie leblos und vorgestanzt es im Bundestag zugehe. Übrigens schlug er bereits 1993 Joachim Gauck zum Bundespräsidenten vor …

Lange Zeit konnte man hierzulande dem Vorurteil erlegen sein, in Deutschland stünde der Geist links. Johannes Gross, der Querdenker, aus dem witzige Einsichten nur so heraussprudelten, schien eine der Ausnahmen zu sein. Doch auch er äußerte sich als »Systemkritiker«: »Alles funktioniert, aber im Grunde stimmt nichts« – ein Satz, der doch sehr an den Wortführer der Kritischen Aufklärung, Theodor W. Adorno, erinnert und dessen berühmtes Diktum: »Es gibt kein richtiges Leben im falschen.« Gegen Adornos Satz, nach Auschwitz dürften keine Gedichte mehr geschrieben werden, polemisierte er: »Die Wahrheit ist die, dass Adorno auch vor Auschwitz kein Gedicht schreiben konnte.«

Gross hat diverse Bücher publiziert, zuletzt »Nachrichten aus der Berliner Republik« – und schuf mit diesem Titel einen Begriff, der heute etabliert ist. Wer das Glück hat, die Aufzeichnungen der FAZ-Notizbuch-Serie zum ersten Mal zu lesen, sieht seine eigenen Überzeugungen immer wieder auf die erheiterndste Weise in Frage gestellt und bewundert die Bosheiten eines freien unabhängigen Denkens. Alle vorgefassten Klischees über den elitären Verfasser bestätigen sich – aber immer häufiger ertappt man sich bei dem Gedanken: Der Mann hat recht! Übrigens ist Gross ein wunderbarer Anekdoten-Erzähler. Und ein großer Leser. Immer wieder teilt er uns seine Lesefrüchte mit, zum Beispiel von Goethe, Jean Paul, Nietzsche, Julien Green, so dass man die Originale sofort aufschlagen möchte.

»Wenn es zum Leben einen Beipackzettel gäbe, würde niemand damit anfangen.« – »Seit der Krieg geächtet ist, wird er alltäglich!« – Zergehen solche Bonmots als Geistesbonbons nicht zu schnell auf der Zunge? Zumeist ist Gross doch etwas gesprächiger, so in folgender Geschichte, die vieles von ihm verrät: »Als der Feueralarm in dem New Yorker Großhotel ausgelöst war, sprang ich rasch aus dem Bett, kleidete mich geschwind an, konnte noch den Schlips umbinden, während ich die Treppen vom 30. Stock hinunterlief. In der prächtigen Halle war schon eine große Menge von Gästen versammelt, fast alle mit Nachtgewand, Pantoffeln und Bademantel angetan. Das Personal verhielt sich, wie es gedrillt worden war – die wenigen, die aussahen wie Hotelgäste, wurden als solche behandelt, erhielten Plätze an der Bar, Freigetränk und alle mögliche Aufmerksamkeit.«

Über seinen Hang zum Exquisiten auch in der Wortwahl spottete der rhetorisch nicht minder brillante Roger Willemsen in der linken Zeitschrift *konkret*, Gross sage nicht »Glück gehabt, einen guten Platz zu bekommen«, sondern »eine freundliche Fortuna gönnt uns einen Platz am feinsten Tisch des Presseballs«, und bezeichnete ihn im Übrigen im selben Artikel 1990 als »tapferes Aufschneiderlein mit dem Pomp seiner mundgemalten Prosa als Sprachrohr für Kommunistenhass, Revanchismus, Deklassierung Anders-Gebildeter und Minderreicher …«

Gegenüber einem Bruder im Geiste, dem Historiker Joachim Fest, äußerte Gross kurz vor seinem Tod, er werde schon bald »vom Maul des Vergessens geschnappt« werden. Nicht mehr als sechs bis acht vollendete Gedichte könne ein Dichter hinterlassen, meinte Gottfried Benn. Was wird von Johannes Gross bleiben? Bleiben werden seine Aphorismen. Nicht alle, nicht viele, aber sechs bis acht werden es sein. Und diese locken vielleicht den einen oder anderen Leser zu den funkelnden Denkanstößen, den geistreichen Erzählminiaturen in den Notizbüchern des großen Zeitgenossen und Bonvivants Johannes Gross, geboren in Neunkhausen im Westerwald.

HF

Zitate:

Ehrgeiz der Kommunen, ihren Namen mit dem Zusatz »Bad« zu schmücken. Bei Marienberg im Westerwald und Camberg im Taunus vielleicht noch verständlich – aber Aachen?

In Deutschland ist es wichtiger, *Verständnis* zu haben als *Verstand*.

Niemand ist vor seinem Tode glücklich zu preisen. Nach dem Tode auch nicht. Niemand kann wissen, wie glücklich oder unglücklich einer gewesen ist. In dem ewig Unzufriedenen kann ein Kern des Behagens stecken wie im Glückstrahlenden der nagende Wurm des Ungenügens.

Es ist nicht leicht, einen tiefgebräunten Menschen ernst zu nehmen.

Gute Besserung! Ja, was für eine denn sonst.

»Ich komme aus einfachen Verhältnissen.« Das ist nicht wahr, es war bloß kein Geld im Haus, aber die Verhältnisse waren kompliziert.

Wer zweimal Tutenchamun gelesen hat – wem dann das Wort Putengulasch vor Augen kommt, hält es auch für ägyptisch.

Diese Nacht träumte mir …

Wer sich mit Albertine von Grün beschäftigt, nennt sie, so vertraut ist er rasch mit ihr, bei ihrem Vornamen. Denn sie trägt das Herz auf der Zunge, sagt, was sie sieht, fühlt und denkt – ein nahbarer Mensch. Und sie ist, obwohl im selben Jahr wie Goethe geboren, auf der Höhe unserer Zeit, hat ihre eigene facebook-Seite – hier aber hält sie sich bedeckt, gibt ihr Konterfei nicht preis, sondern zeigt von sich nur einen Scherenschnitt.

Am 11. Oktober 1749 kommt Albertine in Hachenburg im elterlichen »Grünschen Hof« (heute im Kern der Hachenburger Brauerei gelegen) zur Westerwälder Welt, als Tochter des später in den Adelsstand erhobenen Kanzleirats Detmar Heinrich Grün und der Louise Charlotte geb. Clotz, die er als knapp 14-Jährige zur Ehefrau nimmt. In dem Residenzstädtchen leben damals 2000 Einwohner. Als Beamtenkind erhält Albertine Privatunterricht. 1779 wird der Vater zum Immerwährenden Reichstag nach Regensburg abgeordnet. Aus seiner zweiten Ehe – Louise stirbt früh im Wochenbett – stammt die Halbschwester Charlotte, die sich mit dem Regierungsrat August von Beust verheiratet. Selber unverheiratet, mit einem angeborenen Hüftleiden als Hinkende beeinträchtigt, widmet sich Albertine, gehorsam väterlicher Anweisung folgend, zehn lange Jahre im Beustschen Haus (heute Herrnstraße 6) der Betreuung der gemütskranken Charlotte. Sie selbst schaut heimlich immer wieder nach einem Bräutigam aus, dies offensiv zu tun

Aufnahme zum Film »Hagenberg« (Regie: Thomas Sonnen-schein, 2014). In der Rolle der Albertine von Grün: Beate Macht.

gilt als unschicklich, und tatsächlich findet sie 1774 für kurze Zeit einen Liebhaber, den genialischen Dichter Maximilian Klinger, der, von seinem Frankfurter Freund Goethe vermittelt, in Gießen studiert. Hier wohnt Albertines Cousine Marianne Höpfner. Nach Gießen reist die Familie regelmäßig wie auch nach Wetzlar, wo sie zum Freundeskreis der Charlotte Buff (der Lotte aus Goethes *Werther*) gehört. Hier habe sie Goethe »einmal gesehen, und er mich vermutlich nur ein halbmal; denn er war damals in Dämmerung versunken, obwohl seine Sonne um ihn schien.«

Klinger, ein Draufgänger, dessen Theaterstück »Sturm und Drang« einer ganzen Epoche den Namen gibt, erwidert die Zuneigung nicht mit der gleichen Heftigkeit, so dass sich Albertine von ihm löst, dieser Liebe aber dann ein Leben lang nachtrauert. Zu Hause kompensiert sie ihre Westerwälder Enge durch das Erlernen von Fremdsprachen, durch Kunst- und Naturstudien, eigenes Zeichnen und Schreiben, sie hält fest, was sie in Hachenburg sieht und hört von der materiellen Armut der einfachen Leute, von der geistlichen Armut um sie herum, wenn man gar in der von evangelischen wie katholischen Christen gemeinsam genutzten Hauptkirche um einen Spinnenbesen streitet: da wettert sie gegen die »Kreuzspinnen, die ungehindert in der Kirche ihr Gewebe ausgebreitet haben«, und auch gegen »die größte aller Kreuzspinnen«, jene am Tiber.

Sie steht in Briefkontakt mit Marianne und Julius Höpfner, dem bekannten Professor der Rechte, und dem furiosen Geistesmenschen Johann Heinrich Merck, der aus einer Darmstädter Apotheker-Familie stammt (aus welcher der spätere Pharma-Konzern hervorgeht). Welch eine subtile Briefkultur in damaliger Zeit, in der Offenlegung von Empfindungen, in der stilistischen Anschaulichkeit – Albertines Briefe sind noch heute dank ihrer Lebendigkeit, wenn sie Schmerzliches oder Komisches mitteilt, unbedingt lesenswert. Es geht nicht nur um kulturhohe Dinge, auch der Alltag mit seinem Schweineschlachten wird aufs teure Schreibpapier gebannt, niemand hier, erzählt sie stolz, könne besser Blutwurst, Schwartenmagen Schweinskopfsülze machen als sie. Und sie beschreibt Merck (»Erlauben Sie, bester Herr Kriegsrath, dass ich mein Geschmier heute an Sie fortsetzen darf«) ihr Zimmerchen, wo an den Wänden »nichts bedeutende Landschäftchen« hängen, »Miniaturbildchen in messingnen Rähmchen«, auf einer Kommode »Handwerkssächelchen« liegen und sie am Fenster ihrer Gefangenenzelle im Beustschen Haus in »ein kleines Höfchen« blickt, »ringsum mit hohen Mauern umgeben«. Aber dieses in seiner Niedlichkeit tödliche Zimmerchen im Erdgeschoss schmückt doch auch eine Zeichnung Goethes, die ihr Merck überlassen hat. Sie fragt Marianne Höpfner nach Klinger, der in Russland eine steile Karriere macht, nicht literarisch, sondern militärisch: er bringt es in Petersburg bis zum Generalmajor; im Alter verfasst er zu Unrecht vergessene vorzügliche Aphorismen und Reflexionen.

Und eines Tages bekommt sie den Besuch eines attraktiven Mannes, der gleich um die Ecke wohnt, Kreisphysikus, sprich Amtsarzt, Constantin von Schönebeck aus Altenkirchen, hochgebildet, zeitweilig Geschichtsprofessor, zudem Buchautor, aber der ist verheiratet.

Albertine leidet, das ist offenkundig, sie hat Rousseau, hat Lessing gelesen, hat Merck in Darmstadt besucht, mit Merck Frau Aja, Goethes Mutter – aber, so ist das mit der persönlichen

Johann Heinrich Merck

Dialektik der Aufklärung: »Je mehr ich Nahrung für meine Seele suche, je unglücklicher werde ich.« Und: »Der Zwang, in dem ich lebe, wäre für jeden meiner Gesinnung, um sich aus der Welt zu schaffen«. Und: »Für mich Halb-Narren ist keines Bleibens hier. Dass ich doch auf der Welt sein muss!« Suizidale Anwandlungen? In einem Brief an die Cousine klagt sie, im Tonfall der Geniezeit, »Auch du kommst mir so kalt vor, aber ich denke, die Schuld liegt in mir. Denn mir ist's oft, als möcht' ich die Welt an ihren Bergen anpacken und sie schütteln, dass sie alle, alle auf Erden aus ihren Höhlen herausliefen, die Trägen, und riefen: ›Wer da?‹ Und wenn's dann das ganze Menschengeschlecht hörte, dass ich ›Gut Freund!‹ schrie, dann würde mir besser.«

Aber es ist Merck, der, auch er depressiv veranlagt, sich 1791 mit einem Pistolenschuss am Schreibtisch aus der Welt schafft. Die Französische Revolution hat er noch hautnah mitbekommen und sich in Paris mit den Jakobinern getroffen. Und dann als Kriegskassenwart eines borniertes Feudalherrn wohl keinen Ausweg mehr gesehen. Goethe, der ihm so viele Anregungen verdankt, verbrennt am Ende dessen Briefe. Es ist ein Jammer, dass auch die Briefe Mercks an Albertine, unsere Westerwälder Merck-Würdige, verloren gegangen sind. Sie hat Merck nur um wenige Monate überlebt; an Tuberkulose erkrankt, kann sie ihr »Gefängnis« zwar noch einmal verlassen, der halbblinde und bettlägerige Vater hat sie zu seiner Pflege nach Regensburg gerufen, doch zwei Jahre später stirbt er, und sie begibt sich zurück ins Heimatstädtchen, zurück auf den Grünschen Hof, wo sie der Schwindsucht erliegt und am 12. Mai 1792 ihr Leben aushaucht.

Auf dem Kirchhof der evangelischen Bartholomäuskirche in Hachenburg-Altstadt befindet sich ihr Grabstein, die Inschrift ist renoviert, gut erkennbar auch die gekreuzten Knochen, sie selbst hatte sich gegen ihren Klinger-Liebeswahn in ihr Zimmerchen einen Totenkopf gehängt. Goethe, als er den vermeintlichen Totenschädel Schillers zu Gesicht bekam, hat daraufhin ein bemerkenswertes Gedicht geschrieben, das mich dazu angeregt hat, dies ist nun auch schon ein Vierteljahrhundert her, meinerseits in Terzinen auf Albertine ein Gedicht zu schreiben. Doch das steht auf einem anderen Blatt.

HF

Die Rebellion der
Roten Gräfin

Sophie von Hatzfeldt wird in Berlin geboren, wächst in Schlesien auf und lebt viele Jahre im Rheinland und an ihrem Geburtsort. Als erwachsene Frau reist sie oft in südliche Länder. Und doch bleibt ihr Leben tief verbunden mit dem Westerwald. Denn ihr vollständiger Name lautet Hatzfeldt-Wildenburg-Schönstein, und oft »weilt« sie in den Schlössern Schönstein und Crottorf mitten im Wildenburger Ländchen. Vor allem aber zeichnet sie im Juni 1847 verantwortlich für einen Aufruhr im Westerwald, der wie mit einem Brennglas die gesellschaftlichen Konflikte des 19. Jahrhunderts bündelt.

Exemplarische Figuren prallen in diesem Drama aufeinander: Graf Edmund von Hatzfeldt als Potentat mit riesigem Bodenbesitz; Sophie von Hatzfeldt als unterdrückte Ehefrau, die sich auflehnt gegen den Patriarchen; und dazwischen Ferdinand Lassalle als assimilierter Jude und Leitfigur der aufkommenden Arbeiterbewegung.

Im Alter von 17 Jahren wird Sophie an den Grafen Edmund zwangsverheiratet, um Streitigkeiten zwischen der fürstlichen und der gräflichen Linie des Hauses Hatzfeldt beizulegen. Die Ehe ist eine lieblose, geschäftliche Transaktion. Edmund sucht sich unter drei Schwestern die jüngste und naivste aus. Denn er will eine Ehefrau, die ihn bei seinen sexuellen Ausschweifungen nicht stört. Gleich nach der Hochzeit teilt er Sophie mit, dass er eine Mätresse habe, Gräfin Nesselrode, und mit ihr verkehren werde, wann und wo immer er wolle. Sophie habe sich diesem Arrangement gefälligst zu unterwerfen. Und setzt auch gleich bei der Geburt des ersten Kindes diese Androhung in die abstoßende Tat um, indem er im Raum neben der Gebärenden bei geöffneter Tür mit der Konkubine kopuliert. Das Kind kommt tot zur Welt.

Die Behandlung Sophies bleibt ihrer Familie nicht verborgen. Ihr älterer Bruder tadelt den Grafen Edmund: seine Schwester sei doch eine Schönheit. Darauf soll der Graf kühl geantwortet haben, er bevorzuge ein Weib von Fleisch und Feuer, möge sie auch hässlich sein, anstelle einer Frau, die zwar schön, aber kalt sei wie eine Leiche. Man kann sich unschwer vorstellen, wie brutal er mit seiner ungeliebten Ehefrau zum Zwecke der dynastischen Zeugung einige Male im Jahr umgeht. Unter anderem verlangt er dabei von Sophie Praktiken, an die er sich bei häufigen Bordellbesuchen gewöhnt hat und die seine blutjunge Frau zutiefst verstören. Es gibt Anzeichen dafür, dass er sie darüber hinaus mit Geschlechtskrankheiten infiziert. Dennoch bringt sie im Laufe der Jahre drei Kinder zur Welt, Alfred, Melanie und Paul, die der Vater von Beginn an dem Einfluss der liebevollen Mutter zu entziehen sucht.

Graf Edmund herrscht nicht nur in seiner Ehe wie ein Tyrann, er führt sich auch in seinen Besitztümern wie ein absolutistischer Feudalherr auf. Unerbittlich fordert er die Abgaben »seiner« Bauern und die Arbeitsleistungen »seiner« Arbeiter ein. Und er verzögert die Eisenbahnanbindung des Wildenburger Ländchens, weil er den Kontakt seiner Untergebenen mit modernen Ideen fürchtet. Nach dem Scheitern der Französischen Revolution, der endgültigen Niederlage Napoleons und dem Wiener Kongress kommt es zu einem »Rollback«: Die alten Mächte verteidigen entschieden ihre Adelsprivilegien gegen alle Bestrebungen, die verkrusteten Strukturen in den deutschen Kleinstaaten aufzubrechen. Doch die Bürger haben die Unterdrückung und Ausbeutung durch die Aristokratie gründlich satt. Die aufrührerische Phase des sogenannten »Vormärz« vor der ersten deutschen Revolution im März 1848 bricht an.

Jetzt, mit 41 Jahren, entschließt sich auch Gräfin Hatzfeldt, die Scheidung einzureichen, um die Knechtung in einer katastrophalen Ehe zu beenden. Die Kraft für diese ungewöhnliche Tat einer Adligen verleiht ihr die Begegnung mit dem erst 21-jährigen Ferdinand Lassalle. Dieser redegewandte Rechtsanwalt ist von einem hohen Gerechtigkeitssinn beseelt. Als die verzweifelte Sophie ihn im Hause des Grafen Keyserlingk kennenlernt und ihm von ihrer Ehe erzählt, stellt sich Lassalle sofort in den Dienst ihrer »Befreiung«.

Es beginnt eine gerichtliche Auseinandersetzung, die 8 Jahre dauern sollte und 36 Gerichte beschäftigte. Beide Seiten arbeiten mit gekauften Zeugen, Spionage, Gegenklagen – kurz, es wird mit harten Bandagen gekämpft.

Als der Graf von der Scheidungsabsicht Sophies erfährt, schlägt er zunächst präventiv zu und bezichtigt, ganz seinem Charakter entsprechend, seine Frau vor Gericht unsäglicher erotischer Eskapaden, die später alle widerlegt werden. Seine Anwälte beantragen sogar, den jüngsten Sohn Paul zu zwingen, vor Gericht sexuelle Handlungen nachzustellen, die er angeblich bei einem Treffen seiner Mutter mit einem ihrer Liebhaber durch einen Türspalt beobachtet habe.

In dieser aufgeheizten Situation führt die Gräfin Sophie mit Hilfe Lassalles einen wohlgeplanten Gegenangriff. Die beiden versuchen, sich im Sommer 1847 gegen das strengste Verbot Graf Edmunds Zutritt zu den Schlössern Schönstein und Crottorf zu erzwingen. Dort hatte sich Sophie in den Jahren zuvor hohes Ansehen bei der bäuerlichen Bevölkerung erworben. Sie wachte am Bett kranker Kinder, ließ sie auf ihre Kosten zu Handwerkern ausbilden und versorgte im kalten Winter 1841 arme Leute mit warmer Kleidung. Nun steht ein Westerwälder »Bastille-Sturm« bevor! Die vom harten Regime des Grafen verbitterten und von Lassalle agitierten Bauern

stellen sich hinter die Gräfin und drohen, die Tore gewaltsam zu sprengen. Sie werden von Bergarbeitern der Gegend mit Eisenstangen versorgt und warten nur auf ein Wort der Gräfin, *»und alle Schlösser des Grafen lägen in Trümmern und die Beamten mit ihm selber hingen in den höchsten Fichten!«*, wie Lassalle in einem Brief an seinen Vater berichtet. Doch diesen Befehl erteilt die besonnene Sophie nicht. Denn sie hat ja erreicht, was sie wollte: Die Autorität des Grafen ist erschüttert. Prompt beklagen sich im folgenden Revolutionsjahr 1848 die Wahlmänner des Standesgebietes Wildenburg-Schönstein vor

Schloss Wildenburg-Schönstein

71

der Deutschen Nationalversammlung in Frankfurt über die Ausbeutung durch Graf Hatzfeldt.

Und so waren auch die ersten Urteile der Gerichte – von diesem Zeitgeist beeinflusst – ermutigend für die gequälte Ehefrau. Allzu deutlich ist die Schuld ihres Mannes. Dreißig Mätressen und gelegentliche Beischläferinnen des Grafen werden im Scheidungsprozess namentlich aufgeführt. Hinzu kommen Hunderte von gelegentlichen »Wäschekammer«-Begegnungen. Graf Edmund schafft es mit seiner Triebhaftigkeit sogar in die berühmte »Illustrierte Sittengeschichte« von Eduard Fuchs (1912), worin er als »pathologisches Monstrum von Geilheit und Gemeinheit« beschrieben wird. Aber nach dem Scheitern der Revolution 1849 entscheiden die Gerichte plötzlich gegen Gräfin Sophie. Es dauert noch fünf Jahre, bis es ihr schließlich mit dem Beistand Lassalles gelingt, die Ehe scheiden zu lassen und Teile ihres Vermögens zurückzuerobern.

Befreit von den quälenden Gerichtsverfahren beginnt nun das zweite, politische Leben der Gräfin Hatzfeldt. Schon während der Revolution von 1848 hatte sie sich in aller Öffentlichkeit mit den Arbeitern solidarisiert und den Ehrennamen die »Rote Gräfin« erworben. Als Lassalle den Allgemeinen Deutschen Arbeiterverband (ADAV) gründet, den Vorläufer der SPD, unterstützt ihn Sophie von Hatzfeldt mit aller Kraft. Jahrelang fördert sie den ADAV als Geldgeberin und kämpft persönlich auf vielen Veranstaltungen für die Sache der Unterdrückten und Ausgebeuteten. Aber sie ist erschöpft von den langen Jahren des Kampfes und oft krank.

Als Lassalle in einem unsinnigen Duell wegen einer Frau mit 39 Jahren stirbt, fühlt sie sich verpflichtet, sein politisches Programm im ADAV weiterhin durchzusetzen, doch die Männer im Vereinsvorstand drängen sie an den Rand und schließlich hinaus. Sie gibt auf und zieht sich zurück. In ihren letzten Lebensjahren reist sie ruhelos umher. Im Januar 1881 stirbt sie, im Beisein ihrer Söhne Paul und Alfred, in einem Wiesbadener Hotel an Lungenentzündung. CG

Annegret Held
*1962
Schriftstellerin
Pottum

Schreibt die komischsten Tragödien

Endlich hat auch der Westerwald seine eigene Erzählerin. Und, ungeachtet wüster Kerle, sein literarisches Weiberdorf dazu: Dornweiler, »ein kleines Dorf mitten in Deutschland, so alt wie der Wald ringsumher«, das auch Seewies heißen kann oder Scholmerbach. Gemeint ist realiter Pottum am Wiesensee.

Hier wurde Annegret Held am 25. April 1962 geboren. Sie machte in Westerburg ihr Abitur, leistete ein Freiwilliges Soziales Jahr in der Lebenshilfe und ließ sich in Wiesbaden zur Polizistin ausbilden. In Frankfurt und Darmstadt war sie im Streifendienst. Hiervon erzählt sie in ihrem ersten, später verfilmten Buch *Meine Nachtgestalten. Tagebuch einer Polizistin* (1988). In Heidelberg studierte sie Ethnologie und Kunstgeschichte und war dann im Buchhandel tätig. Jobs im Hotel, im Altenheim, für einige Jahre als Luftsicherheitsassistentin am Flughafen. All diese persönlichen Erfahrungen sind in ihre Bücher eingegangen, für welche die Autorin mit diversen Preisen ausgezeichnet worden ist, u. a. mit dem Förderpreis der Akademie der Künste in Berlin und dem Koblenzer Literaturpreis.

Wenn auch ihr Hauptwohnsitz heute Frankfurt ist, wo sie als freie Schriftstellerin mit ihrer Tochter lebt (und nebenher bei einer japanischen Firma jobbt) – in Pottum fühlt sie sich noch immer zu Hause, mischt weiter munter im Dorfleben mit, so beim Karneval oder in den von ihr geschriebenen Mundart-Stücken im »Theater am Wiesensee«, die im Saal des Dorfwirts-

73

hauses Doll (sic!) aufgeführt werden. Der Tourist, der sich in Pottum umtut auf der Spur von Annegrets Heldinnen, stellt fest, wie »schön katholisch« es hier ist, und im Gasthof bestätigt man ihm gerne, mit herrlich rollendem R, dass die Pottumer, wenn ihre Wallfahrt sie ins benachbarte Hergenroth führt, das Lied vom »Jammertal« anstimmen.

So ist es zu lesen in ihrem ersten Westerwald-Roman *Am Aschermittwoch ist alles vorbei* (1997), den sie ihrem geliebten Heimatdorf gewidmet hat, das in diesem Buch nur so lange Seewies heißt, bis auf Seite 80 die Ortsschilder von den feindlichen Steinlochsdorfern übermalt werden in Schnapskopphausen. Die Dappes hier bilden ein lebensfrohes Völkchen, das zum Schluss, wenn es zuviel getrunken hat, den Moralischen kriegt, und sie verzählen sich, was »schebbisch« gelaufen ist in ihrem Leben, und Hannferrersch Wilma heult in den Anzug vom Hühnerschorsch.

Und mitten im Dorf steht die Kistenfabrik vom Kistenfranz. Jeden Morgen sperrt sie ihre riesigen Mäuler auf, Tore, gewaltiger als Kirchenportale, um sich die Bäume einzuverleiben. Vom Glitzerberg rollen die Baumstämme herunter bis vor die Gatter, die alte Senkrechtsäge. Als 1999 der Roman *Die Baumfresserin* erscheint, war man sich im deutschsprachigen Blätterwald einig: Da ist auf 318 unterhaltsamen Seiten ein Westerwald-Epos entstanden! Es geht sehr menschlich zu in Dornweiler, allzu menschlich in der Fabrik mit den sieben Kistenweibern und sieben Kerlen. Kein Geringerer als Robert Gernhardt, der Frankfurter Klassiker, hat den liebevollen Realismus des Romans gelobt, »mit dem die in den Jahreslauf eingebetteten Aufschwünge und Abstürze des Kistenvolks geschildert werden.«

Die Baumfresserin versammelt knackige und tumbe und geile Kerle, solche wie den Andres und den Klaus, die sich unaufhörlich Blödsinn ausdenken – vor allem aber bemerkenswerte Westerwälderinnen, neben der gutmütigen, aber schafsdummen Veronika zum Beispiel Paula, die, der Autorin nahestehend, sich »als einzige Übergescheite in der Halle« für ihr Abitur schämt und die es in der Kistenweibermontur und in den Goldgebirgen des Sägemehls, im Duft der jungfräulich daliegenden Bäume, in dem Höllenlärm der Maschinen inmitten fluchender Kerle so mummelig und gemütlich findet.

2004 erscheint *Das Zimmermädchen* als »Novelle«, in der von der lebenshungrigen Carla erzählt wird, die in einer Pension auf Langeoog arbeitet. Ein Gynäkologen-Kongress sorgt hier für amouröse Verwicklungen. In *Mein Schatten, mein Echo und ich* (1994) hatte Annegret Held dieselbe Geschichte auf ganzen fünf Seiten erzählt. Auch im *Zimmermädchen* begegnet man den

Buchtitel »Die Baumfresserin«, Umschlag: Robert Gernhardt

Tugenden dieser Erzählerin: ihrer Leichtigkeit und Frische, ihrer ehrlichen Sympathie für die sogenannten einfachen Leute, ihrem Sinn für Situationskomik. Ihre Sprache ist gerade heraus, sie demaskiert alles snobistische Getue, nicht nur das von Ärzten. Und sie ist herrlich selbstironisch; diebisch freut sich die Autorin für ihre Carla, dass die entgegen dem gesellschaftskritischen Birkenstock-Codex ihrer Altersgenossinnen in Pumps herumstöckelt, mit dem Hintern wackelt und Knickse macht. Auch dieses Buch atmet Körperlichkeit und Authentizität, Klischees hin oder her.

Das Zimmermädchen wurde verfilmt, mit Stefanie Stappenbeck und Axel Milberg in den Hauptrollen. Und auch aus ihrem Altersheim-Roman Die letzten Dinge (2005) wurde ein erfolgreicher Fernsehfilm (Lotta und die alten Eisen, mit Josephine Preuß und Barbara Auer). Mit dem ersten Teil einer geplanten Trilogie über die eigene Familiengeschichte ist Annegret Held thematisch nun in die Heimat zurückgekehrt: In Apollonia (2012) erzählt sie vom Leben ihrer eigensinnigen Großmutter, von ihrem versoffenen Klemens, dem »Sägemehlprinzen«, von der Nazi-Zeit – und von sich selbst natürlich bzw. von Marie, die sich mit sechzehn in einen amerikanischen GI verliebt und ihre Jungfernschaft nur mit Mühe behaupten kann. Annegret Held schreibt, wie schön, für ihre Pottumer Heimatbühne, fürs Frankfurter Volkstheater, auch gut – aber wir Wäller wollen Neues lesen vom Westerwald damals und heute, mehr lesen von dieser geschichtentrunkenen Erzählerin, noch mehr lesen von »os Annegret«. HF

- Heinrich, sagte er. Ich han was gehört, datt läst mer kein Ruh.
- So, was is das denn??
- Dou warst in Polen, hat mer mir verzählt.
- Jaja, sagte Heinrich misstrauisch. Und?
- Sey mol, dou bist doch aus Scholmerbach, da weiß mer doch, wie man sich benehmen muss, den Mensche gegenüber, das weiß dou doch, oder?
Der alte Jakob verstand nichts mehr.
- Heinrich, ich kenn dich schon von klaa auf. Du hasst mer aach schon geholfe auffem Zimmerplatz. Du warst immer en ehrliche Kerl. Wenn dou jetz nausgehst in die Welt, und da kommt irgend en Drecksack, und der sacht dir, du sollst einfach so die Mensche sinnlos totschieße, dann machst du das? Heinrich, hast dou dann unsern Herrgott vergesse?
Heinrich wurde kreidebleich.

Aus: Apollonia

Der Held von Quirnbach

Von der Gestapo als jüdischer Deutscher ins KZ geworfen, aus dem Westerwald bis nach Südamerika geflohen, dort in der Nachbarschaft der flüchtigen Täter lebend, die sieben seiner elf Geschwister in Deutschland ermordet hatten, von der argentinischen Polizei aufgrund der Denunziation westdeutscher und israelischer Agenten verhaftet und gefoltert – das ist die bewegende Geschichte eines einfachen Mannes, der in das Räderwerk der Geschichte geriet und sich bewährte.

In dem kleinen Dorf Quirnbach bei Selters wird Lothar Hermann geboren. Über Kindheit und Jugend ist wenig bekannt, denn er stammt aus einer der vielen jüdisch-deutschen Familien, von denen außer Geburts-, Heirats- und Sterbedokumenten kaum etwas erhalten blieb, weil der Holocaust ihre Spuren auslöschte. Als der Nationalsozialismus Deutschland erobert, wird Lothar Hermann plötzlich aus seinem dörflichen Leben gerissen. Die Gestapo verhaftet ihn 1935 beim Grenzübergang von Frankreich nach Deutschland und verschleppt ihn wegen angeblicher Spionage ins KZ. In den Jahren seiner Gefangenschaft schwer misshandelt verliert Herrmann ein Auge. Durch diese KZ-Erfahrung »weitsichtig« geworden, anders als viele deutsche Juden, emigriert der Westerwälder nach der Haft sofort nach Holland, von da aus weiter nach Südamerika.

Viele Deutsche wurden in den großen Auswanderungswellen des 19. Jahrhunderts oft auch nach Argentinien, Uruguay, Brasilien und Chile gespült. Die Auswanderer bildeten in der Fremde kleine Kolonien, die teilweise heute noch bestehen. Auf ihren Spuren gelangt Hermann 1938 zunächst nach Uruguay, zwei Jahre später zieht er weiter nach Argentinien und lässt sich mit seiner Frau in Olivos nieder, einem Vorort von Buenos Aires. 1941 wird hier Silvia geboren, ihr einziges Kind.

Als der Weltkrieg zu Ende geht, machen sich die Siegermächte daran, die schlimmsten Verbrecher der nationalsozialistischen Diktatur zu fangen und zur Rechenschaft zu ziehen. Und diese, soweit sie nicht sofort verhaftet werden oder sich mit Giftkapseln umbringen, versuchen zu fliehen.

Nun beginnt ein dunkles Kapitel der Nachkriegszeit, in dem auch Lothar Hermann eine Rolle spielt. Nazi-Geheimorganisationen, der amerikanische Geheimdienst CIC, Vorläufer der CIA, und der Vatikan gründen eine unheilige Allianz, um nationalsozialistischen Tätern zur Flucht zu verhelfen. Gemeinsam organisieren sie eine Art Strickleiter von Stationen, die sogenannte »Rattenlinie«, an der entlang die Gesuchten vom sinkenden Schiff Europa nach Südamerika entkommen können.

Unterschiedliche Motive sind im Spiel: Die Geheimbünde von Alt-Nazis helfen den Kumpeln aus der Patsche; die katholische Kirche rettet die Katholiken unter den prominenten SS-Offizieren und KZ-Kommandeuren, von denen sich manche noch schnell katholisch taufen lassen; und die amerikanische Spionage-Abwehr benutzt diesen versteckten Korridor, um Geheimagenten, die kurz vor der Entdeckung stehen, aus dem »Ostblock« herauszuschleusen und – typische Schlapphut-Mentalität – um neue Spione, darunter deutsche Kriegsverbrecher, einzuschleusen. Denn der »Kalte Krieg« hat begonnen, der Eiserne Vorhang zwischen Ost und West ist heruntergerasselt.

Auf diesem berüchtigten Fluchtweg gelangt schließlich der hochrangige SS-Offizier Adolf Eichmann, der die Vernichtung der osteuropäischen Juden mit fanatischer Perfektion organisierte, unter dem falschen Namen Ricardo Klement 1950 mit seiner Familie ausgerechnet nach Olivos, dem Zufluchtsort von Lothar Herrmann.

Hier lebt »der Buchhalter des Todes« lange völlig unbehelligt, seine Kinder hat er sogar unter seinem echten Namen in der Schule angemeldet. In einem exklusiven Club treffen sich die geflüchteten Nazis ganz offen und verteidigen vor ausländischen Journalisten in Interviews ihre Untaten. Der damalige argentinische Diktator Perón hat nämlich ein Faible für Adolf Hitler und den Nationalsozialismus und hält seine Hand schützend über die in sein Land geflohenen Mörder, wie zum Beispiel über den weltweit gesuchten

KZ-Arzt Mengele, dessen entsetzliche »wissenschaftliche« Experimente an Kindern jeden fühlenden Menschen bis heute erschüttern.

Eines Tages trifft die Tochter Hermanns 1954 in einem Jugendkino zufällig auf den sechzehnjährigen Klaus Eichmann. Als sie, noch ahnungslos, ihrem Vater davon erzählt,

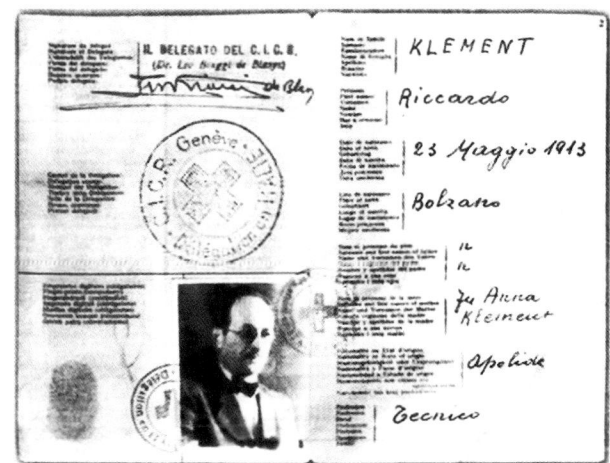

Der falsche Ausweis von Adolf Eichmann

fasst er sofort einen Verdacht. Allerdings ist er inzwischen fast völlig erblindet, weil sein anderes Auge am Grauen Star erkrankt ist. So gehandicapt bittet er seine Tochter, den Kontakt mit dem Jungen aufrecht zu erhalten und vorsichtig Erkundigungen über dessen Familie einzuziehen. Mit Hilfe seiner »verdeckten Ermittlerin« ist sich Hermann bald sicher, den Massenmörder Eichmann gefunden zu haben. Er informiert zunächst die jüdische Gemeinde von Buenos Aires und später die Dachorganisation der argentinischen Juden in der Hoffnung, sie würden seine Nachricht an Israel weiterleiten. Doch niemand scheint zu diesem Zeitpunkt interessiert an einer Verfolgung Eichmanns.

Was nun geschieht, ist ein lehrreiches Beispiel dafür, wie immer wieder das Kalkül von Interessen in der großen Politik verhindert, dass Gerechtigkeit geschieht. Der deutschen Regierung in der »Wirtschaftswunder«-Ära ist an einem Gerichtsverfahren gegen Eichmann nicht gelegen, weil Kanzler Adenauer fürchtet, dass durch einen Prozess international thematisiert werden könnte, wie viele prominente Nazis in den Staatsapparat der neuen Bundesrepublik integriert wurden, darunter sein eigener Staatssekretär Globke, der Kommentator der Rassengesetze von 1935. Israel wiederum verzichtet auf die Ergreifung Eichmanns, weil sein Premier Ben Gurion mit der Adenauer-Regierung in Verhandlungen steht, die seinem Land eine hohe Summe bringen sollen und nicht gestört werden dürfen. Und die USA haben die Verfolgung der Kriegsverbrecher eingestellt, weil sie sich auf den neuen Feind, die »Rote Gefahr« im Osten, eingeschossen haben.

Dr. Fritz Bauer

Doch Hermann lässt nicht locker. Als nichts geschieht, informiert er schließlich 1957 Dr. Fritz Bauer, Generalstaatsanwalt in Hessen, dem es später gelingt, die historisch wichtigen Auschwitz-Prozesse ab 1963 anzuschieben. Dieser leitet die Information an den deutschen Behörden, denen er wegen ihrer Durchsetzung mit ehemaligen Nazis misstraut, vorbei zum Mossad, dem noch jungen israelischen Geheimdienst. Und der Mossad entführt Eichmann schließlich in einer spektakulären Nacht- und Nebelaktion nach Jerusalem, wo er 1961 unter den Augen der Welt vor Gericht gestellt wird.

Aber derjenige, der dies ermöglichte, wird nicht gefeiert, ganz im Gegenteil. Als Lothar Hermann – »wegen der Gerechtigkeit, nicht wegen des Geldes«, wie er schreibt – die Belohnung von 10000 $ einfordert, die das israelische *Document Center of Haifa* für die Ergreifung Eichmanns öffentlich auslobte, wird er vom Mossad wie vom westdeutschen Bundesnachrichtendienst schikaniert. Er soll zum Schweigen gebracht werden, damit auf die Heldenstory vom allwissenden israelischen Geheimdienst kein Schatten fällt. Mit der Fehlinformation, ausgerechnet Lothar Hermann sei der gesuchte Mengele, bringen israelische und deutsche Agenten die argentinische Polizei dazu, Hermann zu verhaften und zu foltern. Nach zwei Wochen wird er entlassen, nachdem seine wahre Identität bewiesen werden kann. Da war seine Tochter Silvia, an der Entdeckung Eichmanns mitbeteiligt, aus Angst um ihr Leben schon in die USA geflohen. Sie sieht ihren Vater nicht wieder.

Kurz vor seinem Tod erkennt Israel unter der Premierministerin Golda Meir die Leistung Hermanns an, die Belohnung wird ihm ohne Aufsehen ausgezahlt. Der Staat Israel ehrt ihn 2012 posthum, im gleichen Jahr widmet ihm die Stadt Coronel Suarez, sein letzter Zufluchtsort, eine Gedenktafel. Und ein Jahr später sendet der SWR ein Feature über ihn mit dem Titel: »Der Held von Quirnbach«. CG

Populärer Katholik

In erster Linie verstand er sich als Hüter der öffentlichen Sozialmoral. Mit der Analyse weltlicher gesellschaftlicher Zusammenhänge war er vertraut wie kein Zweiter in der Kirche und wie nur wenige der Fachwissenschaftler seiner Zeit. Er galt als Autorität, von der sich kein Geringerer als Adenauer beraten ließ. Aus dem Bauernsohn Höffner war kein Landwirt, sondern ein Volkswirt geworden.

Gewiss, von ganzem Herzen Priester war er auch. Was ihn mir sofort sympathisch gemacht hat, als ich mich auf die Spur dieses konservativen Kirchenmanns begab: er hat sich vehement für den Erhalt des Sonntags eingesetzt. Doch vermag in einer Phase, da das Ansehen der Katholischen Kirche wegen unglaublich zahlreicher, in ihrem Amtsbereich geschehener und vertuschter Missbrauchsfälle, jüngst zudem wegen der Luxus-Affäre um den Limburger Bischof, schweren Schaden genommen hat, die Erinnerung an einen untadeligen, hochbedeutenden Kirchenführer das verdunkelte Antlitz der Ecclesia sancta ein wenig aufzuhellen? In einer Galerie von Westerwälder Geistesgrößen darf dieser gleich vierfach promovierte Kardinal jedenfalls nicht fehlen.

Joseph Höffner wurde am Heiligabend 1906 in Horhausen geboren, als erstes von sieben Kindern der Bauernfamilie Paul und Helene Höffner. Vom Gymnasium Montabaur wechselte er als 16-Jähriger nach Trier, wo er 1926 am Friedrich-Wilhelm-Gymnasium das Abitur ablegte. Hundert Jahre zuvor hatte hier Karl Marx die Reifeprüfung bestanden, und, später, ein anderer katholischer Vordenker eines mitmenschlichen Gesellschaftsmodells: Oswald von Nell-Breuning. Sie beide werden das von Gott her vorgesehene Personsein des Menschen betonen, der eigenverantwortlich ist (Subsidiarität), aber, wenn nötig, die Solidarität der Gemeinschaft erwarten darf.

Acht Jahre studierte Höffner an der Päpstlichen Universität Gregoriana in Rom, erwarb zunächst einen Doktortitel in Philosophie, wurde 1932 zum Priester geweiht und schrieb eine theologische Dissertation unter dem Titel »Soziale Gerechtigkeit und soziale Liebe«, Justitia et caritas: lebenslang sein sozialethisches Motto. Nach kurzer Tätigkeit als Kaplan in Saarbrücken studierte er in Freiburg Volkswirtschaft und machte dort 1940 seinen Dr. rer. pol. Zwei Jahre zuvor hatte er, sozusagen en passant, auch den deutschen theologischen Doktorhut erlangt.

Bei allem wissenschaftlichen Ehrgeiz – Geld verdienen musste auch er. So übernahm er für einige Jahre eine Pfarrerstelle in Kail an der Mosel, ab 1943 in Trier, wo er dann, nachdem er sich 1944 in Freiburg habilitiert hatte, als Professor für Pastoraltheologie am Priesterseminar wirkte. Schon früh beteiligte er sich an einer Neuordnung des durch die Nazis zerstörten Gesellschaftsgefüges. Die rheinland-pfälzische Verfassung von 1947 trägt seine Handschrift. Auf einen Wink des Papstes hin wurde er 1951 nach Münster abgeworben, wo er fortan Christliche Sozialwissenschaften lehrte und auf die Gestaltung der Sozialgesetzgebung der Bundesrepublik größten Einfluss zu nehmen begann. So gilt Höffner heute als einer der Väter der dynamischen Rente. Er wurde zum Berater von Ministerien, des Bundes Katholischer Unternehmer und vieler anderer Gremien.

1962 wurde er zum Bischof von Münster geweiht. Im selben Jahr erschien sein Lehrbuch »*Christliche Gesellschaftslehre*«, noch heute ein Standardwerk. 1969 ernannte ihn der Papst zum Erzbischof von Köln und verlieh ihm kurz darauf die Kardinalswürde. 1976 wurde er zum Vorsitzenden der Deutschen Bischofskonferenz gewählt. Höffner starb am 16. Oktober 1987 und

Wappen von Kardinal Höffner

wurde im Kölner Dom bei-
gesetzt.

Sein Werk wirkte und
wirkt weiter. Plätze, Ge-
bäude, politische Gruppie-
rungen wurden nach ihm
benannt, Kunstwerke ihm
gewidmet, so auch eine
Skulptur in Horhausen. Und
es kam zu einer ganz besonderen Ehrung, die ich als
schöne Bekräftigung seines
Lebensthemas »Gerechtig-
keit und Liebe« werte. Der
Staat Israel ehrte ihn und
seine Schwester Lena posthum als »Gerechte unter den
Völkern«. In seiner Zeit als
Seelsorger in Kail hatte Höffner das jüdische Mädchen
Esther Sarah Majorowitz vor
dem Zugriff der Nationalso-
zialisten gerettet, in Horhausen hatte seine Schwester
einem verfolgten Ehepaar
Unterschlupf gewährt.

Höffner-Denkmal (seit 2004) in Horhausen, Skulp-
tur von Klaus Ringwald, an der Pfarrkirche St. Ma-
ria Magdalena

Als Mensch trat er auffällig sanft und bescheiden auf, eine Erscheinung
der Milde, ein zurückhaltender Diener, der seinen episkopalen Rang niemals
hervorkehrte – aber in theologischen Fragen war er unbeugsam traditionell.
So trat er in zehn kämpferischen Thesen für den Zölibat ein und verurteilte
die Abtreibung, ließ nur die sogenannte Natürliche Verhütung nach Knaus-
Ogino gelten. Während ein Mann wie Hans Küng für ihn ein Häretiker war,
äußerte er sich lobend über das Opus Dei. Die damaligen »Grünen« hielt er
für unwählbar, gab ihnen aber in einem wesentlichen Punkt recht, indem er
selbst aufs Dringlichste vor den unbeherrschbaren Risiken der Atomenergie
warnte. Als Konservativer war er, sage ich mit Worten Heinrich Bölls, von
der Unfehlbarkeit der katholisch geprägten CDU überzeugt. Nun, heutzutage wäre dies für ihn sicherlich kein Dogma mehr.

Unstrittig ist indes folgende Kernaussage dieses großen Kardinals: »Der Christ darf nicht mürrisch am Zaun der Welt stehen und ärgerlich zusehen, was drinnen geschieht. Er muss über den Zaun steigen und handelnd und helfend mitten in der Welt von heute gegenwärtig sein als Salz und als Sauerteig!«   HF

Zugabe:
Aus dem Westerwald groß herauszukommen, gilt dem einen oder anderen von urbaner Herkunft per se als bemerkenswerte Leistung. Offenbar ist mancher draußen in der Welt erstaunt, dass das hiesige Bauernvolk die Entwicklung zum aufrechten Gang mitgemacht hat. So sagte der Nachfolger Höffners im Amt des Kölner Oberhirten, Seine Eminenz Joachim Kardinal Meisner, als er den Nachfolger des früheren Generalvikars Feldhoff (sic!) in sein Amt einführte, der aus Selters stammende Dominik Schwaderlapp sei »ein Westerwälder und damit ein Mann der Basis und der Erdberührung« …

Peter Hussing
1948 – 2012
Boxer und Architekt
Brachbach

Der sanfte Riese

Wenn nach den Worten des Philosophen Karl Jaspers die menschliche Existenz ausgespannt ist zwischen den Polen »Selbstbewusstsein« und »Hingabe«, dann hat dieser Mann in seinem Leben eine vollendete Balance gefunden: Ganz allein auf sich gestellt im Ringgeviert unter dem Gebrüll des Publikums hier und dort den Menschen in Liebe, Freundschaft und Hilfsbereitschaft zugetan.

Peter Hussing wird in Brachbach geboren, auf der Grenze zwischen dem nördlichen Westerwald und dem Siegerland. Die alte Bergmannssiedlung liegt im Schatten des Höh- und Giebelwalds, in denen jahrhundertelang nach Erz gegraben wurde, wie die vielen stillgelegten Stollen beweisen, die die mächtigen unbesiedelten Hügel durchlöchern. Die harte Arbeit hat einen zähen Menschenschlag hervorgebracht, der viel auf den Zusammenhalt untereinander achtet und seine Traditionen pflegt.

Sein Vater hatte sich aus kleinen Verhältnissen schon empor gearbeitet zu einem Bauunternehmer mit 29 Angestellten. Der Sohn soll die Nachfolge antreten. Also geht er auf die Volksschule, wie sie damals zu Recht noch hieß, weil sie fast alle Brachbacher absolvieren, und beginnt danach eine Lehre als Bauzeichner.

Früh ist der schnell hochgewachsene Junge vom Boxsport fasziniert. Mit 14 Jahren bastelt er sich einen Sandsack und ahmt vorm Spiegel die Bewegungen, Finten und Schläge der bewunderten Boxer der 50er und 60er Jah-

85

re nach. Als der Siebzehnjährige schließlich zum ersten Mal an einem Training des lokalen Boxclubs 1. ABC Siegerland teilnimmt, erkennt der Trainer Harald Flender, der ihn von da an als Coach durch eine gloriose Boxkarriere begleitet, sofort das Ausnahmetalent: »Junge, aus dir wird mal was!«.

In dieser Zeit findet der junge Mann nicht nur den Sport, sondern auch die Frau seines Lebens. Es ist keine Liebe auf den ersten Blick, denn die beiden kennen sich seit dem Kindergarten. Sie entfernen sich zunächst in ihrem Ausbildungsgang voneinander, bleiben sich aber auf Sichtweite nahe. Christel, ein Jahr jünger, erkämpft sich als fleißiges und begabtes Kind den Zugang zum Abitur. Gemeinsam mit Peter besteigt sie Tag für Tag den Zug nach Betzdorf, sie zur Schule, er zur Arbeitsstelle – tausendmal gesehn und nichts geschehn. Doch plötzlich funkt es zwischen dem zierlichen Mädchen und dem baumlangen Kerl, in dessen Gegenwart Streitigkeiten schnell beigelegt werden, wegen seiner imponierenden Körperkraft und seines ausgleichenden Wesens. Sie verlieben sich bei einer Tanzveranstaltung, dem üblichen Eheanbahnungsinstitut der dörflichen Welt, und bleiben von da an für immer zusammen.

Peter Hussing bei den Olympischen Spielen 1972

Und nun beginnt eine Dekade im Leben des jungen Mannes, die von einer unglaublichen Verdichtung an Energie gekennzeichnet ist: Nach der Bauzeichnerlehre arbeitet er im elterlichen Unternehmen und macht den Maurermeister. Er heiratet 1971 und gründet eine Familie mit drei Kindern. Er holt anschließend die Mittlere Reife und das Fachabitur nach und studiert an der Universität Siegen Architektur. Gleichzeitig mit diesem beruflichen Aufstieg baut er allein, nur mit einem Onkel als Helfer, ein großes Haus für seine Familie. Und während all dieser kraftraubenden Unternehmungen treibt er unermüdlich seinen Aufstieg als Schwergewichtsboxer voran, gewinnt Jahr für Jahr die deutsche Meisterschaft in seiner Gewichtsklasse, erringt in München 1972 die olympische Bronzemedaille, wobei er erst im Halbfinale dem besten Boxer der Welt unterliegt, dem Modellathleten Teófilo Stevenson, der in Kuba praktisch als Profi lebt. 1979 wird er schließlich Europameister, 1982 Dritter der Weltmeisterschaften.

Warum kann ihm dies alles gelingen?

Der Athlet wird getragen von einer ungewöhnlichen Gelassenheit. Sein Motto: »In der Ruhe liegt die Kraft!«. Selten ist er vor einem Match angespannt, oft schläft er in der Kabine auf der Liege ein und muss von seinem Trainer für das Aufwärmen geweckt werden. Auf diese mentale Begabung kann er nicht nur im Boxring bauen, sondern auch im beruflichen und familiären Alltag. Peter Hussing ist ein sehr verträglicher, sanfter Hüne, der außerdem – und das ist ein weiterer wichtiger Grund für seine einmalige Laufbahn – von einem tiefen Gottvertrauen geschützt wird. Er ist ein katholischer Christ durch und durch, der vor seinen Ringschlachten für sich und den Gegner betet, und der bei jeder Fronleichnam-Prozession in seinem Heimatort den »Himmel« trägt, unerschütterlich sogar bei größter Hitze, so dass ihm einmal, wie eine familiäre Anekdote erzählt, das Wasser aus den Hosenbeinen des schwarzen Anzugs läuft, als die Sonne besonders unerbittlich brennt.

Ein weiterer Kraftquell entspringt der Liebesbeziehung zu seiner Frau. Die beiden vertrauen sich bedingungslos. Wenn er europaweit unterwegs zu seinen Boxkämpfen ist, nimmt sie ihm den Alltagskram ab, obgleich sie selbst immer in ihrem Beruf als Grundschullehrerin arbeitet. Vor allem bedrängt sie ihn nie, sein geliebtes Boxen aufzugeben, und kann doch nicht aufhören, sich zu sorgen, wenn er wieder einmal zu einem Turnier irgendwo in Deutschland oder der Welt aufbricht.

Ihr Mann eilt von einem Erfolg zum andern und trägt jetzt die typischen Ehrennamen, die Sportreporter den herausragenden Faustkämpfern gern anheften. Hussing wird jetzt als »der Bär von Brachbach« angekündigt oder als »Max Schmeling der Amateure«. 445 registrierte Kämpfe bestreitet er, verliert nur 14 Mal, darunter nochmals gegen Stevenson vor 16000 Zuschauern in Havanna. Dabei treffen im Ring zwei Männer aufeinander, die auf jeweils eigene Weise nicht käufliche Idealisten sind. Amerikanische Boxmanager bieten Stevenson Unsummen, damit er als Profi gegen Muhammad Ali boxt. Doch der Kubaner lehnt ab, ihm ist die Liebe der Millionen Kubaner wichtiger als Millionen Dollars. Ebenso wird Hussing mehrfach mit lukrativen Profi-Verträgen gelockt, doch letzten Endes ist er ein zu ritterlicher Kämpfer ohne den berüchtigten »Killerinstinkt«. Wenn seine Frau oder eines der Kinder krank ist, kann er nicht kämpfen. Er lässt junge unerfahrene Boxer über die Runden kommen oder vermeidet den K.o.-Schlag, weil er gehört hat, dass sein Gegner Familienvater ist, während das aufgeheizte Publikum fordert: »Hau ihn um!« Seine Großherzigkeit und Fairness hat dem Menschen Hussing viele Freunde gewonnen, auch unter den harten, schweren Jungs aus dem Profilager.

Unendlich schwer fällt es dem leidenschaftlichen Boxer, die Handschuhe 1985 wegen Erreichens der Altersgrenze auszuziehen. Allzu sehr liebt er die Herausforderung und die Atmosphäre im Boxring. Eine Zeitlang fühlt er sich früh gealtert, ein »abgetakeltes Schiff«, wie er klagt. Aber bald wendet er seine überschüssige Tatkraft, die ihm neben seinem Beruf als Bauleiter bleibt, an ehrenamtliches Engagement, arbeitet im Gemeinderat mit und wird zuletzt Bürgermeister seines Heimatdorfs. Vor allem begeistert er sich für die »Tour Ginkgo«, »Menschen für Kinder« und die »Tour der Hoffnung«, bei denen prominente Sportler über Hunderte von Kilometern radeln, um Geld für krebskranke Kinder einzusammeln. Jahr für Jahr kommen Millionensummen zusammen. Sein Einsatz wird mit dem Bundesverdienstkreuz ausgezeichnet.

Plötzlich wird bei ihm eine gefährliche Krebserkrankung diagnostiziert. Obwohl schwer angezählt, verzweifelt Hussing nicht, sondern setzt auf seinen Glauben und seine Frau – sie wird wie immer schon einen Ausweg für ihn finden. Und tatsächlich fährt sie mit ihrem Mann und auch den Kindern auf der Suche nach Alternativen zur Schulmedizin durch Deutschland und das Ausland. Diese letzten Reisen schweißen alle noch enger zusammen.

Am Schluss hat Peter Hussing keine Schmerzen mehr. Den Sterbenden bettet die Familie ins Wohnzimmer mit Blick durch das große Terrassenfenster. In seinen letzten Stunden sieht er den Sonnenuntergang über dem hohen Giebelwald, in dem er einst vor seinen großen Kämpfen trainierte.

CG

Arme Dienstmagd
Jesu Christi

Sie sei eine »verborgene Heilige«, hat Walter Nigg, der bedeutende Schweizer Theologe, über sie geschrieben. Und nun soll sie also, die 1978 seliggesprochene Mutter Katharina Kasper, in einem langjährigen und kostenaufwendigen Verfahren der Kanonisation aus der religiösen Verborgenheit heraustreten und am Ende zu einer Heiligen der gesamten römisch-katholischen Kirche ernannt werden. Papst Franziskus wird gewiss mit Freuden der Heiligsprechung unserer Westerwälder Katharina zustimmen, versteht er sich doch selber vorrangig als Vertreter der Armen.

Seit Jahrzehnten ist ihre posthume geistliche Wirkung nachweisbar am Fortbestehen zahlreicher karitativer Projekte, die sich auf das Vorbild dieser Frau aus dem Geiste jesuanischer Nächstenliebe berufen. Dass sie vor Ort, also im Westerwald, inzwischen geradezu populär ist, mag ein profanes Beispiel belegen: Am Dernbacher Dreieck, unter den Autobahnen A3 und A48, verläuft der mit 3285 m längste Tunnel in Rheinland-Pfalz. Bei Baubeginn wurde er auf den Namen Katharina-Kasper-Tunnel getauft, ein auf den ersten Blick paradoxer Vorgang, da man eine Ordensfrau aus dem 19. Jahrhundert nicht mit moderner Hochgeschwindigkeitstechnologie verbindet, sondern eher mit Beschaulichkeit, Langsamkeit, Fußgängertum und Stille. Vielleicht darf man es so sagen: Verwurzelt im Überirdischen, versetzt der Glaube auf Erden nicht nur Berge, er unterhöhlt sie sogar! Im zeitlos Göttlichen verankert ist die von Katharina Kasper gegründete Kongregation, die ADJC, tätig im Hier und Jetzt für Menschen, die in Not sind.

Als siebtes Kind einer Kleinbauernfamilie erblickt Katharina Kasper am 26. Mai 1820 in Dernbach bei Montabaur das Licht der Welt. Die Westerwälder Bevölkerung lebt in großer Armut: karge landwirtschaftliche Erträge, Mitarbeit der Kinder, Katharinas Schulbesuch addiert sich im ganzen auf zwei Jahre. Als der Vater 1842 stirbt, sinkt ihre Familie in die Klasse der Ärmsten, der Landlosen, Tagelöhner, Bettler und Hausierer. In dieser Zeit des Umbruchs, des Ausgangs aus der fremd- und selbstverschuldeten Unmündigkeit – es ist zugleich die Lebenszeit von Raiffeisen, Marx und Bismarck – sind es immer wieder Frauen, zumal die Männer als Wanderarbeiter oft abwesend sind, die notgedrungen nach einer Tätigkeit auch außerhalb ihrer traditionellen Rolle suchen.

Katharina hat während der zermürbenden Arbeit beim Wegebau, beim Zerschlagen von Basaltbrocken oder auch beim Schneeschippen die Vision einer Schwesternschar, und alsbald gründet sie mit vier anderen begeisterten jungen Frauen einen »frommen Verein«, der durch »Beispiel, Belehrung und Gebet«, wie es in den Statuten heißt, dazu beitragen will, dass Armen, Alten, Kranken und Waisen geholfen werde. Sie bauen sich ein eigenes Häuschen und planen die Gründung einer eigenen Ordensgemeinschaft, die sie 1851 gegen den anfänglichen Widerstand des Dorfes, der Pfarrei Wirges und des

Schuhe der Maria Katharina Kasper

Bischofs von Limburg auch durchsetzen. Bischof Peter Joseph Blum, auf die Dauer ihr entschiedenster Förderer, akzeptiert selbst den ungewöhnlichen Namen *Arme Dienstmägde Jesu Christi*. Am Heilborn, einer Marienkapelle bei Dernbach, habe sie den Namen empfangen, hier habe sie das Wort aus Lukas 1 vernommen: Siehe, ich bin die Magd des Herrn.

Immer mehr Menschen drängen nun in ihr Klösterchen, Hilfsbedürftige, Novizinnen und, vom Namen der Genossenschaft angezogen, auch wirkliche Dienstmädchen und Wäscherinnen: Mutter »Maria« Katharina Kasper weiß sie in kürzester Zeit anzuleiten hin zur inneren Nachfolge, Nachahmung Christi gemäß der *Imitatio* des Thomas von Kempen, ihres wichtigsten Andachtsbuchs, und zur Fürsorge für Arme und Kranke, wozu bald auch schulische und erzieherische Aufgaben gehören. In rascher Folge entstehen Niederlassungen der ADJC in Camberg, in Holland, in England und den USA.

Reibungslos verläuft das alles natürlich nicht: Die innerkirchliche Hierarchie setzt als männlichen Oberaufseher vor Ort den Superior Jakob Wittayer ein, aber trotz aller Intrigen steht der Limburger Bischof ihr zur Seite, und als der Vatikan sie 1870 als Schwesterngemeinschaft anerkennt, wird sie alleinverantwortliche Generaloberin. Die offizielle römische Bestätigung ist umso wichtiger, als die preußisch-protestantischen Repressionen gegen die katholische Kirche im Kulturkampf existenzbedrohliche Ausmaße annehmen. Da hilft neben dem Gottvertrauen manchmal nur eine List: So bittet sie den benachbarten Grafen Walderdorff in Molsberg, die Immobilien und Ländereien der Kongregation auf seinen Namen zu überschreiben, um sie ihr später, wenn der Ungeist sich verzogen habe, wieder zurückzugeben.

Was nur von dieser komplementären Christlichkeit her zu verstehen ist: Aus dem täglich geübten inneren Gebet heraus entfaltet sich der missionarische Geist dieser Frau, dieser Frauen, so dass ihr Werk immer weiter expandiert. 1876 beträgt die Zahl der im In- und Ausland tätigen Schwestern bereits 638, im Todesjahr Katharinas 1725 in fast 200 Niederlassungen. Zu bedenken ist ganz realistisch, wie viele Stunden, bevor auch in Dernbach Züge halten, sie zu Fuß unterwegs ist (ihre abgenutzten, mal links, mal rechts getragenen Schuhe sind im Mutterhaus zu besichtigen), die Visitationsreisen zehren an ihren Kräften. Sie stirbt am 2. Februar 1898.

Von ihrer tiefen Gläubigkeit, ihrer apostolischen Tatkraft kann man sich noch heute überzeugen, z. B. in ihren Briefen, in meditativer Weise aufbereitet in dem Blog einer Dernbacher Schwester (http://katharinaadlergleich. blogspot.de). Sahen schon im 19. Jahrhundert viele Frauen in einer aktiven

Ordensgemeinschaft wie der ADJC, auch wenn sie das Gelübde zu Armut, Keuschheit und Gehorsam verpflichtete, eine Möglichkeit, ein offeneres, erfüllteres Leben zu führen – so hat sich dieser emanzipatorische Antrieb innerhalb der männlich dominierten Kirche spürbar fortgesetzt und verstärkt, wofür die Lockerung der Ordenstracht, der Abschied von einem allzu strengen Habit, dem »Ofenrohr«, nur ein Beispiel ist. Der langwierige, schließlich erfolgreiche Kampf um die Seligsprechung hat das Gemeinschaftsgefühl erheblich gestärkt, angefangen 1950 von der Exhumierung der Gebeine und deren Umbettung vom Schwesternfriedhof in die Klosterkirche, über die dann von Papst Paul VI. im Petersdom vorgenommene Auszeichnung als Selige bis hin zu der nun beantragten Heiligsprechung.

Die Verehrung der Mutter Maria Katharina geschieht regional wie international. Es mag noch viele Jahre dauern, doch bedarf es keiner prophetischen Gabe, vorauszusagen, dass sich der Nachweis ihrer »heroischen Tugenden« bestätigen, die »fama sanctitatis«, der Ruf ihrer Heiligkeit, zunehmen und die Trinität der Demut, welche im beinahe geheimen Namen der Dernbacher Schwestern, der Armen Dienstmägde Jesu Christi, zum Ausdruck kommt, weiterhin deutliche Spuren ihres Gottes- und Menschendienstes hinterlassen wird. HF

Narr: Auch die frommen Kirchenmänner trauen ihrem – wie sie sagen – gesunden Menschenverstand mehr zu als dem Heiligen Geist.
Katharina: Weißt du, Narr, ich bin nicht nur verrückt; ich bin aus dem Westerwald und habe einen Dickschädel. Ich gehe so lange zum Bischof, bis er glaubt, dass mein Auftrag von Gott kommt.
Helmut Schlegel: Katharina – Närrin Gottes. Ein Musikalisches Mysterienspiel. (1998)

Hermann Kempf
1890-1988
Gewerkschafter und Pazifist
Bad Marienberg

Der Löwe vom Westerwald

Da steht er als junger Kerl, 1,90 m lang, wie aus dem Fels hinter ihm geschlagen, den er mit schweren Hämmern bearbeitet (siehe Seite 94). Seine aufrechte Haltung beweist Selbstbewusstsein, Beharrlichkeit, vielleicht Sturheit und – bei aller Besonderheit – Solidarität mit den anderen Steinschlägern um ihn herum. Ein »Basaltkopp«, wie der Spitzname für Westerwälder lautet, geboren in einer Gegend, die geologisch von so vielen Basaltköpfen geprägt ist. Das sind Eigenschaften von Arbeitern, Handwerkern und Bauern, die der Westerwälder August Sander in seinen weltbekannten Fotos so oft wiedergegeben hat.

Ich durfte ihn noch kennen lernen! Der hochgewachsene, etwas gebeugte, weißhaarige Mann verteilte in der Wilhelmstraße in Hachenburg selbstgeschriebene Flugblätter gegen das Waffen-SS-Treffen in einer Nachbarstadt. Mit fast achtzig Jahren! Wir kamen ins Gespräch. Ein »Westerwälder Kopf« im wahrsten Sinn des Wortes! Hermann Kempf kommt in Marienberg zur Welt, genau zu Beginn eines Jahrhunderts, das in seiner Dramatik aus der Geschichte herausragt. Und dieser einfache »Steinbrecher« (siehe S. 97) erlebt vieles davon hautnah mit.

Er wächst in einem winzigen Bergmannshaus auf, das sein Vater, Steineklopfer über und Hauer unter Tage, sich vom Munde abgespart hatte. Es war so klein, dass »man mit der Hand durch den Kamin greifen und die Tür aufmachen konnte«, wie sich Kempf als alter Mann erinnert.

Schon als Knabe hilft er seinem Vater im Steinbruch nach der Schule, die er, wie fast alle Kinder seiner sozialen Klasse, mit 14 Jahren verlässt. Aber wie viele intelligente Arbeiter jener Zeit entwickelt er einen starken Bildungshunger: »*Nach der Schicht im Steinbruch waren noch fünfzehn Morgen bäuerliches Land zu bearbeiten, und nachts habe ich gelesen, einen Heuwagen voll Bücher habe ich gelesen!*« Sein Leben lang begleitet ihn die Lektüre von Goethe,

Hermann Kempf (oben rechts) im Steinbruch

Thomas Mann, Schiller und anderen deutschen Geistesgrößen. Im Besonderen hat es ihm Heinrich Heine angetan: »*Wenn ich krank war, konnte ich Heine lesen und wurde wieder gesund!*«

Gegen Ende des 1. Weltkrieges wird er mit 18 Jahren noch zum »Barras«, zur Armee des wilhelminischen Kaiserreiches, eingezogen, als Arbeitssoldat. Er muss nicht mehr an die Front, doch soll er auf Befehl der preußischen Offiziere in Biebrich auf demonstrierende Arbeiter schießen. Und hier bäumt sich Hermann Kempf das erste Mal auf, gegen den damals vorherrschenden soldatischen Kadavergehorsam. Mit sechzig Kameraden verweigert er den Schießbefehl und kommt ins Militärgefängnis. Von nun an ist er sein Leben lang Friedenskämpfer und Antimilitarist. Sofort nach Kriegsende tritt er in die USPD ein, die sich von der Mutterpartei SPD abgespalten hatte, weil diese 1914 und danach immer wieder für die Kriegskredite stimmte.

Neben seiner Arbeit in verschiedenen Steinbrüchen um Marienberg engagiert er sich in der Freien Gewerkschaft, ist Betriebsrat, Kassierer der Volksfürsorge und des Arbeiter-Turn-und-Sportvereins, später in der Zeit der Weltwirtschaftskrise auch Vorsitzender der Kreiserwerbslosenbewegung. Damit nicht genug, nachts schreibt er auch noch Berichte für die SPD-Zeitung »Die Volksstimme«. Woher nimmt dieser junge Mann die Kraft für dieses unermüdliche Engagement?

Frühzeitig beginnt sein Widerstand gegen den stetig anwachsenden Nationalsozialismus. 1930 wechselt er zur KPD, die nach seiner Ansicht am konsequentesten gegen den militaristischen Rechtsradikalismus vorgeht. Mit anderen zusammen organisiert er im Januar 1932 im Oberwesterwald eine friedliche gewerkschaftliche Demonstration der »Arbeiterbewegung gegen die faschistische Gefahr« und wird dafür vom Schnellgericht in Marienberg mit 59 anderen Teilnehmern wegen Landesverrats zu einer Haftstrafe verurteilt, die er im Zentralgefängnis Freiendiez absitzen muss. Seine Freude am Lesen rettet ihn, als er in die Gefahr gerät, in der Einzelhaft seine Stimme zu verlieren. Er liest sich laut vor aus den paar Büchern, die ihm gelassen wurden.

Als die Nazis dann im Januar 1933 an die Macht kommen, machen sie sofort Jagd auf den Antifaschisten Kempf, den sie völlig willkürlich beschuldigen, einer der Reichstagsbrandstifter zu sein. Eine abenteuerliche Flucht durch den Westerwald führt ihn bis nach Wiesbaden, wo er bei der Verteilung von Flugblättern gefasst und ins KZ Esterwegen im ostfriesischen Moor verschleppt wird. Hier überlebt Kempf zwei angekündigte Todesurteile, brutale Prügel und härteste Arbeit unter unmenschlichen Bedingungen. Aber er wird nicht gebrochen, auch wegen des Zusammenhalts, der Hilfs- und Opferbereitschaft unter den Häftlingen. Wie er in seinen »Erinnerungen« erzählt, trifft er selbst bei den Wachmännern auf Menschen, darunter Westerwälder Polizisten, die noch nicht völlig verhetzt sind und versuchen, so gut sie können, den Inhaftierten das Leben zu retten.

Nach der KZ-Haft findet er als Nazi-Gegner zunächst keine Arbeit, so hat er endlich Zeit zu heiraten und eine Familie zu gründen. Als 39-Jähriger wird er in ein Strafbataillon der Wehrmacht eingezogen und muss an der Offensive gegen Frankreich teilnehmen, danach arbeitet er bis zum Kriegsende als Bergmann.

Nachdem der blutigste Krieg aller Zeiten zu Ende gegangen ist, packt Kempf sofort zu und organisiert das alltägliche Leben in seiner Ortsgemeinde Langenbach und in Marienberg. Er verteidigt die Bevölkerung gegen marodierende Staatenlose mit der Körperkraft des langjährigen Steinschlägers und Bergmanns. Und er sorgt sofort für die Instandsetzung der Kirchen, damit die Christen seiner Heimatgemeinde wieder beten können. Als der anerkannte Widerstandskämpfer zum Entnazifierungsausschuss hinzuge- zogen wird, zeigt sich sein innerster Wesenskern: Er ist versöhnlich zu den vielen kleinen Mitläufern und hart zu den Nazibonzen und karrieristischen Wendehälsen, die sich jetzt schnell wieder in Druckposten schleichen wol- len. Wegen seiner Verdienste ernennt ihn der erste Landrat nach dem Krieg, Schneider, zum »Ehrenbürger des Kreises Oberwesterwald«.

Ab 1945 arbeitet er als Gewerkschaftssekretär des DGB und setzt sich unermüdlich für die kleinen Arbeiter und Bauern des Oberwesterwalds ein. Oft wird sein Büro belagert von vielen Menschen, die seinen Rat und seine Hilfe suchen. Seine Erfolge vor den Arbeits- und Sozialgerichten verschaf- fen ihm den Beinamen: *»Der Löwe vom Westerwald«*. Wenn er die Betriebe im Oberwesterwald besucht, fordern ihn die Arbeiter auf zu reden, denn er bringt die Sachen auf den Punkt in bildkräftigem Westerwälder Dialekt: *»Aus anderer Haut ist gut Riemen schneiden!«*

Seine Beliebtheit rettet ihn im März 1952 nicht vor der Entlassung als Gewerkschaftssekretär durch den Landesbezirksvorstand des DGB. Er war im Februar 1952 unangenehm aufgefallen mit einer flammenden Rede gegen die Wiederbewaffnung der Bundesrepublik auf der DGB-Bundeskonferenz in Düsseldorf. Seine Einstellung wird von der großen Mehrheit der Deut- schen geteilt, aber der Kalte Krieg zwischen den westlichen Alliierten und ihrem ehemaligen Verbündeten, Russland, ist ausgebrochen. Die westdeut- sche Regierung und erstaunlicherweise auch führende Gewerkschaftler sind der Meinung, Deutschland müsse wieder eine Armee haben.

Der überzeugte Pazifist Hermann Kempf sitzt wieder einmal zwischen allen Stühlen, auch mit seiner Mitgliedschaft in der KPD, die 1956 verboten wurde – heute verfassungsrechtlich umstritten. Als Kempf bei der Bundes- tagswahl 1961 als unabhängiger Kandidat auftritt, muss er allein wegen des Verdachts auf Betätigung für die illegale KPD für neun Monate in Unter- suchungshaft, die er auf der Karthause in Koblenz absitzt. Damit hat der Einundsechzigjährige die Gefängnisse des Wilhelminischen Kaiserreichs, der Weimarer Republik, der nationalsozialistischen Diktatur und der Bun- desrepublik Deutschland kennen gelernt – wegen seiner ungebrochenen Überzeugung, dass Menschen nicht auf Menschen schießen sollten.

Am 2. März 1988 endet das geradezu romanhafte Leben dieses »einfa- chen« Arbeiters mit klarem Verstand und großem Mut. Seinem Sarg folgen viele Mitbürger, Repräsentanten der Stadt Bad Marienberg und Vertreter der Parteien. Über alle politischen Grenzen hinweg hatte sich der »Löwe vom Westerwald« Respekt erworben.

Steinbrecher und Kipper im Westerwald

Als die industrielle Revolution in Deutschland nach 1848 richtig in Fahrt kam, entstand ein großer Bedarf an Steinen für Straßen, Fabriken, Bahnlinien und Deiche. Basaltbrüche zu erwerben und abzubauen, war plötzlich sehr lukrativ.

Hermann Kempf war seit seinem 14. Lebensjahr aufgrund seiner Körperkraft und Geschicklichkeit ein Steinbruch-Arbeiter, der klassische Beruf im Oberen Westerwald.

Die Arbeiten in Steinbrüchen waren spezialisiert: An der Abbruchwand lösten Steinbrecher die fünf- oder sechseckigen Basaltsäulen mit Keilen und Brecheisen heraus, dabei oft an Seilen hoch in der Wand hängend. Wegen der extrem anstrengenden Arbeit durften Steinbrecher ab 1909 nur noch 10 Stunden in der Abbruchwand schuften. Dann zerschlugen die Schrottschläger mit schweren langstieligen Hämmern die Säulen in Blöcke, Kleinschläger und Klarschläger zerkleinerten die Blöcke weiter, bis sie schließlich den »Kippern« zur Endbearbeitung vor die »Kipperbude« geliefert wurden – zuerst mit Pferd und Wagen, später mit Loren und Kleinbahnen. Diese »Kipperbuden« waren kleine, an einer Seite offene Hütten, in denen die Arbeiter mit dem kurzstieligen Kipperhammer die Steine so geschickt beschlugen, dass schließlich Pflastersteine unterschiedlichen Formats entstanden. Dafür kippten die Männer die Steine hin und her, um die Struktur des Steines zu erkennen und den Schlag richtig anzusetzen. Viel Erfahrung und manuelles Können gehörte dazu. Ein guter Kipper konnte an einem Arbeitstag in 12 Stunden bis zu 600 ebenmäßige Pflastersteine herstellen. Für eine

Eine nachgebaute Kipperbude im Museum »Stöffel-Park«

Ein Kipper bei der Arbeit

Arbeitsstunde bekamen sie den damaligen Spitzenlohn von 43 Pfennigen (22 Cent heute), etwa der Gegenwert für einen Laib Brot. Viele Straßen, Höfe, Bahndämme und Deiche sind in Deutschland und Holland mit Westerwälder Basaltsteinen gepflastert.

Es war eine schwere und gefährliche Arbeit, die Hermann Kempf und seine Kollegen zu jeder Jahreszeit, bei Hitze, Kälte und Regen leisteten. Oft wurden sie dabei verletzt, verloren Gliedmaßen durch Quetschungen oder ein Auge durch wegspringende Steinsplitter, denn Schutzhelme, Schutzbrillen und Schuhe mit Stahlkappen gab es noch nicht, auch keinen Mundschutz gegen den Steinstaub, so dass die »Staublunge« verbreitet war. CG

Im »Stöffel-Park« in Enspel, hoch über der sich weit hinstreckenden Waldlandschaft gelegen, wird diese schwere Westerwälder Tätigkeit in einem großen stillgelegten Basaltstein-Werk auf eindrucksvolle Weise dokumentiert.
http://stoeffelpark.de

Willy Korf
1929-1990
Unternehmer
Hamm/Sieg

Aus Liebe zum Stahl

Er war in den 60er und 70er Jahren der Star der Wirtschaftsjournale weltweit und ein Liebling der Boulevard-Blätter, die über die Schönen und Reichen berichteten. Nein, er war kein reicher Erbe, sondern ein hart arbeitender Industrieller, der Gewinne einsetzte, um Arbeitsplätze zu schaffen, an denen wirklich handfeste Dinge hergestellt wurden. Seine Produkte drehten sich um die goldwerte Währung des Aufbauens: Stahl, und immer haftete er persönlich. In der Ära des »shareholder value« und der »dotcom«-Firmen scheint ein solcher Idealtyp von Unternehmer ausgestorben zu sein.

Geboren wird er am 13. August 1929 als einziger Sohn einer Familie, die seit mehr als 150 Jahren im Besitz eines florierenden Land- und Baustoffhandels im Westerwald ist. Schon in der Kindheit zeigt sich der Wagemut, verbunden mit einem Sinn für technische Vorgänge, der seine späteren Unternehmungen auszeichnen sollte. So stellt der Knabe selbst Sprengstoff aus Schwarzpulver her, füllt damit die Hohlräume der im Krieg zerstörten Brücke über die Sieg und zündet: Es gibt einen erinnerungswürdigen Krach und Zerstörungen, die so erheblich sind, dass die Familie einiges aufwenden muss, um die Tat des kleinen Willy vergessen zu machen.

Mit 17 Jahren verliert er auf tragische Weise seinen Vater, als Arthur Korf 1946 in Roßbach/Sieg am Grenzübergang zwischen der damaligen britischen und französischen Besatzungszone von einem betrunkenen bel-

99

gischen Soldaten erschossen wird. Nach dem Handelsabitur übernimmt er als Neunzehnjähriger den Familienbetrieb alleinverantwortlich. Bald darauf gründet er mit wachem Geschäftssinn in dem aufstrebenden Wirtschaftswunderland ein Transportunternehmen, das im heimatlichen Westerwald angesiedelt ist und deutschlandweit alle möglichen Waren per Schiff, Bahn und Lkw verteilt. Doch dem dynamischen, jungen Mann reicht der Warenhandel und der Transport nicht. Er will selbst produzieren in großem Stil.

In welche Branche soll er einsteigen? Im vom Bombenkrieg total zerstörten Deutschland wird in den Fünfziger und Sechziger Jahren mit Feuereifer und dem Geld aus dem Marshall-Plan aufgebaut: Häuser, Produktionsstätten, Verkehrswege. Die dazu dringend benötigten Stoffe: Beton und Stahl. So gründet Korf mit 24 Jahren die Badischen Drahtwerke in Kehl am Rhein, strategisch günstig gelegen wegen der Nähe zur Rheinschifffahrt und zu Frankreich, und produziert Baustahl und Bewehrungsmatten. Schnell folgen zwei weitere Werke gleicher Art in Hamburg und Göttingen.

Und nun muss die spannende Geschichte vom lebenslangen Kampf des Industriellen Willy Korf erzählt werden: Allein gegen alle oder David gegen Goliath – ein Bild, das die Wirtschaftspresse liebt, weil die meisten Stahlmanager den kleinen Korf überragen, allerdings nur an Körpergröße. Seit einem Jahrhundert wurde die Stahlproduktion in Deutschland beherrscht von gewaltigen Konzernen. Sie hatten sich, dem neuen europäischen Recht zuwider, in Kartellen zusammengeschlossen, die die Preise diktierten. Der Außenseiter Korf bricht jetzt in das Gebiet der Krupp, Thyssen, Klöckner, Hoesch und Mannesmann ein mit ideenreichen Neuerungen und günstigen Preisen. Und er erobert Marktanteile, zwar immer noch bescheiden im Verhältnis zu den Stahlriesen, aber dennoch unerhört! Zunächst versuchen sie, ihm die Luft abzuschnüren mit einem dreisten abgesprochenen Preisdumping, und erzeugen damit sogar eine Baustahlkrise, so dass mitten im westdeutschen Bauboom Großbaustellen still liegen. Schließlich geben die Konzerne klein bei und kaufen 1961 den größten Teil der Korf-Werke für 20 Millionen DM auf, damals eine beeindruckende Summe, unter der vertraglichen Voraussetzung, dass Willy Korf 10 Jahre lang keine punktgeschweißten Bewehrungsmatten mehr herstellt.

Korf ist nun mit 32 Jahren reich, dazu glücklich verheiratet mit einer spektakulären Blondine, die ihn um einen Kopf überragt, wenn sie ihre geliebten Highheels trägt – eine repräsentative, kongeniale Frau, für die er in Baden-Baden eine weiße Villa kauft, in der rauschende Feste mit der High Society gefeiert werden. Zweifellos genießt er den Luxus, Motorboote und

Wasserski auf dem Rhein, seine Privatflugzeuge, für die er einen Flugschein erwirbt. Aber Korf ist kein Playboy, sondern ein Unternehmer im reinsten Wortsinn: Geradezu zwanghaft plant er neue Unternehmungen, ständig ist er auf der Suche nach innovativen Produktionsmethoden. Und immer hängt sein Herz am Stahl. In den USA, die er oft besucht und bewundert, stößt er auf das »Midrex«-Verfahren der Firma Midland, eine vereinfachte Rohstahlschmelze in sogenannten Elektrolichtbogenöfen, die nicht nur Erz, sondern auch Schrott zu Eisenschwämmen verarbeiten. Er erwirbt die Welt-Lizenz, entwickelt das Verfahren mit seinen Ingenieuren weiter und gründet die Korf Engineering GmbH, um sogenannte Mini-Stahlwerke auf der Grundlage des »Midrex«-Prinzips zu errichten.

Es folgt ein geradezu raketengleicher Aufstieg. Überall baut Korf Stahlwerke oder betreibt sie selbst: In Brasilien, Venezuela, Argentinien, in den USA und Großbritannien, im Iran, Saudi-Arabien, Quatar, sogar in Nigeria,

wo er einfallsreich wie immer Rohre für das neue Ölförderungsland und auch eine Million Nachttöpfe für die Angehörigen des Yoruba-Stammes produziert, damit die Yorubas nachts nicht mehr ihre Hütten verlassen müssen und von Schlangen gebissen werden. Rast-

Privatflugzeug Korfs (Kennung: D-CORF) in Rio de Janeiro

los durchpflügt er auf der Suche nach neuen Projekten den Luftraum, 1977 kauft er sich sogar einen Jet mit dem Code »D-CORF«.

Zu seinem 50. Geburtstag kommen sie 1979 alle nach Baden-Baden, die großen Manager und Unternehmer und einflussreiche Politiker. Im gleichen Jahr ernennt ihn die hoch angesehene TH Aachen auf Grund seiner Innovationen in der Stahltechnologie zum »Dr. honoris causa«. Anfang der 1980er Jahre steuert der »kleine Korf« ein weltumspannendes Stahlimperium mit ca. 10000 Mitarbeitern und 2,5 Milliarden DM Umsatz – einen »Napoleon des Stahls« nennt ihn die Presse, und das einflussreiche US-Magazin

Gemälde zum 60. Geburtstag von W. Korf, prophetisch mit zerbrochener Uhr und Flugzeug

»Businessweek« widmet ihm eine Titelseite. Willy Korf ist ganz oben. Noch kann er nicht wissen, dass er auf dem Scheitelpunkt seiner Erfolgskurve angelangt ist.

Im Gerüst der Stahlindustrie knackt es. Seit dem Ende der 70er Jahre kommt es immer wieder zu Absatzkrisen, denn die Japaner rollen mit konkurrenzlos niedrigen Herstellungskosten den Weltmarkt auf. Um Arbeitsplätze zu erhalten, stützen die europäischen Regierungen ihre Schwerindustrie-Konzerne mit Steuergeldern, aber Korfs Unternehmen sind nicht groß genug für Subventionen, und der Einzelgänger hat auch keine politische Lobby. Verzweifelt stemmt er sich gegen seinen Niedergang mit immer neuen Ideen und Firmenkonstruktionen, wütend greift er die Subventionspolitik in Interviews an. Doch nichts rettet ihn: Seine Firmengruppe geht 1983 in Konkurs, seine gewinnträchtigsten Lizenzen werden von den Japanern aufgekauft.

Es wird still um Korf. Keine rauschenden Feste mehr in Baden-Baden, kein Privatjet, keine Meldung in den Klatschblättern. Aber insgeheim arbeitet er an seinem Comeback: Er gründet die Korf-Lurgi GmbH, um seine technischen Erfindungen im Anlagenbau zu verkaufen. *»Ein echter Unternehmer gibt nie auf«*, verkündet er in einem Pressegespräch. Schon hat er Geldgeber zusammengetrommelt, schon durcheilt er wieder die Lüfte auf der Jagd nach neuen Geldgebern und Aufträgen. Da rast sein Flugzeug am 22. November 1990 bei schlechtem Wetter in der Nähe von Innsbruck in einen Berg.

»Er starb, wie er gelebt hatte, – im Fluge, auf dem Weg zu neuen Zielen«, rufen ihm seine Mitarbeiter in einer Todesanzeige hinterher.

Übrigens: Seine allererste eigene Firma, die Gustav-Korf-Transport KG im Westerwald, hat er bis zum Schluss nie aufgegeben. CG

Wenn sie die Stimme erhob …

Wenn sie die Stimme erhob, erschauerte das Publikum. Oft verglichen mit Eleonora Duse war sie eine der Königinnen des Theaters, die für die Bühne lebte – und aus dem Koffer, wenn sie mal wieder die Stadt gewechselt hatte wegen eines neuen Engagements oder auf ihren vielen Tourneen. Selten nur machte sie eine Pause und spielte bis kurz vor ihrem Tod. So kam es, dass Hermine Körner die längste Zeit an einem Ort als Kind im Westerwald verbrachte. Diese Landschaft empfand sie als ihre Heimat, und hierhin ging ihre Sehnsucht in dunklen Stunden, wenn sie sich auf den großen Bauernhof ihrer frühen Jahre zurückträumte.

Ihr Vater ist der Lehrer und Zoologe Wilhelm Stader, der ihre Mutter Emilie in Altenkirchen/Ww. kennengelernt hatte, als er dort an der Rektoratsschule unterrichtete. Nach der Heirat entführt Stader seine Frau erst nach Moskau, dann in die Weltstadt Berlin. Dort kommt Hermine am 30. Mai 1878 als fünftes Kind zur Welt. Ihren abenteuerlustigen Vater treibt es weiter in die USA, wo er Vorträge über Zoologie halten will. Acht Jahre später stirbt er in Reading/Philadelphia. Sie erbt von ihm nicht viel mehr als seine Tierliebe und die Bereitschaft, neue Herausforderungen zu suchen.

Seine allein gelassene Ehefrau zieht mit den Kindern zurück in den Westerwald. Hier wächst Hermine als Landkind heran auf dem Gutshof des wohlhabenden Großvaters, der in Altenkirchen außerdem das angesehene Hotel Luyken betreibt. Das Erlebnis einer glücklichen Kindheit in einer dörflichen Welt mit Tieren und im Rhythmus der Jahreszeiten hat ihre Existenz grundiert, wie sie später bekennt. Noch als berühmte Künstlerin ist sie darauf stolz, Kühe melken zu können. Die Mutter gibt ihrer musikalisch begabten Tochter Klavierunterricht, eine strenge Lehrerin. Auch im Winter muss Hermine am Klavier üben, das in einem ungeheizten Saal steht, neben ihr liegt ein Wärmestein für die kältestarren Hände – denn sie soll Pianistin werden nach dem Wunsch der Mutter.

Doch als die 17-Jährige in Wiesbaden, wo sie am Konservatorium bei Max Reger studiert, ihre ersten Opern- und Theateraufführungen erlebt, ist sie hingerissen: Nun will sie auf die Bühne! Das typische jugendliche Faible für die Schauspielerei wäre aber vielleicht wie so oft ins Leere gelaufen, wenn der jungen Frau nicht die Liebe die Steigbügel gehalten hätte, mit deren Hilfe sie sich in eine Theaterkarriere schwingen kann. Hermine Stader lernt einen österreichischen Offizier, Franz Friedrich Körner, kennen, dessen Vater ein einflussreicher Bankier in Wien und, welch ein Glück, verwandt mit dem Chef des Burgtheaters ist. So märchenhaft beginnt das neue Leben der Westerwälderin: Der Heirat 1897 folgt das Engagement 1898 an der ersten Bühne des deutschsprachigen Raumes, der »Burg«. Richtig lernt sie ihr Handwerk erst ab 1905, als sie an das Düsseldorfer Schauspielhaus der Theaterlegende Louise Dumont wechselt, die auch die *Hochschule für Bühnenkunst* leitet, an der später der junge Gustaf Gründgens ausgebildet wird.

Von da an führt Hermine Körner das unruhige Leben einer begehrten Bühnenkünstlerin. Wie umworben sie ist, zeigt der Skandal um ihre Person im Jahre 1915, der das Zeug zu einem Drama hat: Weil der damals unbestrittene Kaiser der deutschen Theater, Max Reinhardt, sie nach Berlin lockt, das Staatstheater Dresden sie aber nicht aus ihrem Vertrag entlassen will, flieht sie direkt nach einer Aufführung von Schillers »Wallenstein«, noch im Kostüm der Gräfin Terzky, mit dem Nachtzug aus Dresden. Es gibt einen heftigen und langen Presse-Aufruhr über den Vertragsbruch der Schauspielerin, mitten im Ersten Weltkrieg, als doch eigentlich andere Themen interessieren sollten.

Nun erobert sie Berlin und wird zu »der Körner«, die vor allem in den großen Königinnen-Rollen glänzt wie der »Elisabeth« als Gegenspielerin der »Maria Stuart« oder der »Lady Macbeth«, als die sie auch auf einer Sonderbriefmarke von 1976 verewigt wird. Ihre Schauspielkunst ist noch geprägt von der Schiller'schen Auffassung des »Theaters als moralische Anstalt«: Überragend wichtig ist die Sprache der großen, wegweisenden Dichter, die geradezu deklamiert wird. Sie wirkt deshalb auch in ihrem Auftritt oft

statuarisch und erhaben, anders als die Schauspielerin im heutigen Regietheater, die sich auf
Anweisung des Regisseurs als Person radikal
seelisch entäußern und, wenn nötig, auch körperlich entblößen muss. Hermine Körner nackt
auf der Bühne – undenkbar!

Mit 41 Jahren stellt sie sich neuen Aufgaben: Sie wird Intendantin von privat finanzier-
ten Schauspielhäusern in München und Dresden, und sie führt Regie! Allein unter Männern!
Als Regisseurin widmet sie sich vor allem den
modernen Stücken von Ibsen und Strindberg.
Und sie wagt es, das auch heute noch provo-
kante Stück »Reigen« von Arthur Schnitzler zu
inszenieren, das unverhüllt die sexuelle Pro-
miskuität zum Thema macht und kurz nach der

Sonderbriefmarke 1976:
H. Körner als Lady Macbeth

Aufführung verboten wird. Um sich versammelt
sie ein engagiertes Ensemble, für das sie unter anderen den jungen Heinz
Rühmann gewinnt. Für ihr wagemutiges Programm setzt sie risikofreudig
ihr eigenes Vermögen aufs Spiel und verliert es. Während ihrer Münchner
Zeit wohnt sie im Hotel »Vier Jahreszeiten«. Wenn sie wieder mal knapp
bei Kasse ist und sich ihr Appartement nicht leisten kann, zieht sie in eine
Kammer unter dem Dach des Hotels. Bis 1925 hält sie durch, auch in der Zeit
galoppierender Inflation, dann muss sie aufgeben. Kühn in ihren künstlerischen Entscheidungen als Intendantin und Regisseurin, klassisch in ihrem
eigenen Schauspielstil – so kann Hermine Körner charakterisiert werden
in der Zeit der Weimarer Republik.

Die katastrophale Zeit der Nazi-Diktatur, die auch die Herrschaft über
die deutsche Kultur an sich reißt, bricht an. Wie viele der berühmten Künstler wird sie von den Machthabern umworben, erhält durch Göring den
Ehrentitel »Staatsschauspielerin«, entzieht sich aber allen Aufstiegsange-
boten als Theaterintendantin – anders als Gustaf Gründgens. Der Schriftsteller Jochen Klepper, der 1942 mit seiner jüdischen Ehefrau vor dem
Holocaust in den Selbstmord flieht, trägt in seinem Tagebuch ein: »*Sie ist
ja die unerschrockene und unermüdliche Fürsprecherin für jüdische Kollegen und
Schauspielermischehen.*«

Der Zweite Weltkrieg reißt auch ihren einzigen Enkel Peter Götz, der
zeitweise bei ihr aufwuchs, in den Soldatentod – das trifft sie mitten ins

Hermine Körner als die »Irre von Chaillot« 1959

Herz, sie zieht sich zurück. Doch als der Krieg vorbei ist, geht sie wieder auf Tournee mit Rezitationen, bei denen sie Texte von Hölderlin, Rilke und vor allem immer wieder Goethe völlig frei aus dem Gedächtnis einem dankbaren Publikum vorträgt, das, ausgehungert in der kulturellen Wüste der Diktatur, nach geistiger Nahrung verlangt. Und nicht zufällig wird später in den Wirtschaftswunder-Jahren »Die Irre von Chaillot« von Jean Giraudoux ihre Glanzrolle, in der sie als Anführerin einer Frauenriege den Geschäftemachern in Paris die Zähne zeigt. Mit diesem Stück erobert sie auch ein theaterfernes Publikum, weil das noch einkanalige Fernsehen zur Prime-Time hochrangige Theateraufführungen in die Wohnzimmer bringt, – und alle schauen zu!

Noch mit 82 Jahren spielt sie in ihrem Todesjahr die Königin Atossa in der griechischen Tragödie »Die Perser« von Aischylos auf den neu gegründeten Ruhrfestspielen in Recklinghausen. Sie erlebt einen Triumph und wird »*von Beifall umtost*«. Daraufhin wird ihr ein Ehrenring aus einer griechischen Münze, gefunden auf dem Schlachtfeld bei Marathon, überreicht. Sie stiftet ihn als Auszeichnung für die deutsche Schauspielerin mit dem »*ernsthaftesten Streben*«. Seitdem adelt dieser Ring diejenige, die sich dieses Anspruchs der Theaterkönigin Hermine Körner als würdig erweist.

CG

Maximilian Prinz zu Wied
1782-1867
Forschungsreisender
Neuwied

Ein Naturforscher und
Freund der Indianer

Die Adelsfamilie Wied, europäisch vernetzt und doch eng mit dem Westerwald verbunden, hat so manche interessante Persönlichkeit hervorgebracht. Unter ihnen allen ragt Prinz Maximilian zu Wied heraus. Seine wagemutigen Reisen nach Brasilien und Nordamerika im frühen 19. Jahrhundert wurden berühmt, und was er mitbrachte, ist heute auf wichtige Museen der Welt verteilt. Der tiefste Antrieb dieses Mannes war aber nicht die Abenteuerlust, sondern das Bedürfnis, die »Natur« zu verstehen.

Er wird am 23. September 1782 als achtes von zehn Kindern des Grafen Friedrich Carl zu Wied geboren. Schon als Knabe zieht Maximilian durch die Wälder um Schloss Monrepos und um die Seeburg am Dreifelder Weiher und legt mit Hilfe seines Privatlehrers, des Ingenieursleutnants Friedrich Hoffmann, eine kleine Sammlung von Pflanzen und Tieren an. Im weiteren Verlauf seiner Jugend wird er zum leidenschaftlichen Hubertusjünger. Das Adelsprivileg des Jagens, von Hochherrschaftlichen oft rücksichtslos mitten durch die Felder der Bauern betrieben, wird von ihm nicht genutzt aus Freude am Töten. Die Jagdlust verbindet sich für ihn ganz selbstverständlich mit der Freude an der Erkundung von Fauna und Flora des Mittelrheins und des Westerwaldes, die er immer wieder mit Präparaten und Beschreibungen dokumentiert.

Der junge Mann entscheidet sich zunächst für den Militärdienst beim preußischen König, erlebt als Offizier die schmähliche Niederlage in der

107

Schlacht bei Jena und Auerstedt 1806 gegen Napoleons Truppen und wird für kurze Zeit gefangen genommen.

Freigelassen folgt er seiner wahren Berufung und stürzt sich in ein autodidaktisches Studium der Ornithologie, Botanik, Ethnographie und Geographie. Er verfolgt den Plan, in das kaum bekannte Brasilien zu reisen, denn das Feuer der Forscherleidenschaft treibt ihn aus den heimischen Wäldern. Zur Vorbereitung studiert er sogar ein Jahr an der Universität Göttingen bei der Koryphäe Blumenbach. Doch der Endkampf gegen den Hegemon Napoleon ruft ihn erneut zu den Waffen. Als Major zieht er schließlich mit der siegreichen preußischen Armee in Paris ein. Hier lernt er sein Vorbild Alexander von Humboldt, in ganz Europa berühmt für seine Reiseberichte aus Südamerika, persönlich kennen, der ihn darin bestärkt, in den brasilianischen Urwald zu gehen.

Im Jahre 1815 bricht er schließlich mit einem Segelschiff auf in die Neue Welt, begleitet von seinem Hofjäger David Dreidoppel, der vor allem die erlegten Tiere ausstopfen soll, und vom Hofgärtner Simonis, der ihm beim Botanisieren helfen soll. Am 16. Juli erreichen sie nach 72-tägiger Reise Rio de Janeiro. Von dort zieht Wied mit 14 Maultieren und 10 einheimischen Lastenträgern weiter nordwärts in die Urwälder der Ostküste, wo die Expedition auf die Puris, Coroados und Coropos stößt. Fasziniert von diesen indigenen Völkern beschreibt und zeichnet der Prinz ihren Alltag, ihre Unterkünfte, Kleidung und Waffen, die heimischen Tiere und Pflanzen – heute unersetzliche Nachrichten über längst untergegangene Völker. Oft blitzt in seinen nüchternen Texten ein fast romantischer Enthusiasmus über die exotischen Waldlandschaften auf.

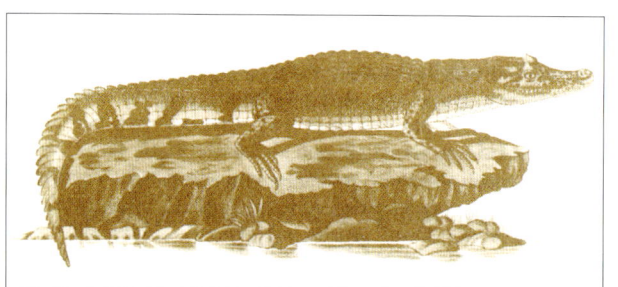

Brillenkaiman (Crocodilus sclerops Schneid.)
(Kupferstich aus: Reise in Brasilien 1820/22)

Von all den brasilianischen Ethnien hat es ihm das Volk der Botokuden besonders angetan. Allein im Urwald begegnet er schutzlos den ersten dieser urtümlichen Jäger: »... *Schnell kehrte ich mich um, und siehe da, nahe hinter mir mehrere Botocudos! Nackt und braun, wie die Tiere des Waldes, standen sie* da, mit den großen Pflöcken von weißem Holz in den Ohren und der Unterlippe, Bogen und Pfeile in ihrer Hand. Hätten sie feindselig gedacht, so war ich von ihren Pfeilen durchbohrt, ehe ich ihre Nähe nur ahnen konnte.« Zweimal sucht Prinz Max sie auf, um ihr Leben zu studieren. Dabei kann er sich vor allem auf das Hintergrundwissen des jungen Botokuden Quäck stützen, der Portugiesisch auf einer Missionsstation gelernt hat und katholisch getauft wurde. Maximilian lässt später Quäck sogar nach Deutschland kommen und macht ihn zu seinem Kammerdiener, eine bestaunte Sensation in Neuwied. Der Botokude wird aber als freier Waldmensch unglücklich und sucht Trost im Alkohol. 1834 stirbt er, entweder durch einen Fenstersturz oder eine Leberzirrhose.

Prinz Maximilian zu Wied-Neuwied mit Joachim Quäck auf der Jagd im brasilianischen Urwald

Im August 1817 ist Maximilian zurück in Neuwied. Sofort macht sich er sich an die Arbeit, um aus dem reichen Schatz an Tier- und Pflanzenpräparaten und seinen penibel geführten Tagebüchern mit vielen Illustrationen ein aufwändiges Buch zu machen. Auf der Subskriptionsliste der Interessenten

Indianerhäuptling Mató-tópe (Aquarell von Karl Bodmer)

steht auch ein gewisser Goethe, als begeisterter Naturforscher dem Prinzen wesensverwandt.

Noch abenteuerlicher wird seine zweite Reise zu den Wilden im Missourigebiet der USA. Neben seinem treuen Dreidoppel nimmt Maximilian diesmal den Schweizer Maler Karl Bodmer mit. Dessen Kupferstiche und Aquarelle werden in Deutschland das Bild des edlen Prärie-Indianers à la Winnetou prägen. Karl May soll sich eifrig der Reiseberichte Wieds bedient haben.

Am 4. Juli 1832 landet die kleine Reisegruppe in Boston und zieht über die Alleghenies in das Gebiet des Missouris, von hier im Frühjahr mit einem Dampfboot der amerikanischen Fur-Company den Yellowstone River hinunter. Eine mühselige Fahrt durch eine ursprüngliche Flusslandschaft in unsicherem Indianerland. In ihren Nachtlagern vermeiden sie es, Feuer zu machen, laufen oft auf Grund, schlagen Holz für den Dampfkessel des Boots, gehen auf die Jagd, um für Proviant zu sorgen – eine Reise wie in einem Wildwest-Film.

Schließlich kommt der Prinz in Kontakt mit den letzten noch ursprünglich lebenden Völkern der Plains, nomadische Büffeljäger wie die Dakotas und Blackfeet und sesshafte Maisbauern wie die Mandan und Mönitarris. Er gewinnt das Vertrauen des Mandan-Häuptlings Mató-tópe, der ihm die Schöpfungsmythen des Stammes erzählt, die Wied getreulich aufzeichnet, so wie es Bruce Chatwin im 20. Jahrhundert mit den »Traumpfaden« der australischen Aborigines getan hat. Er gewinnt Einblick in die geheime Struktur der Clans in den Stämmen und wohnt ihren blutigen, sadistischen Initiationsriten bei. Ungewöhnlich offen für seine Zeit notiert er die sexu-

110

Ein indianischer Soldat der US-Armee mit einem Hundeschlitten bei Fort Clark. Aquarell von Maximilian zu Wied, 1833

ellen Normen der Ethnien, die manchmal wie bei den Mönitarris äußerst freizügig sind und manchmal wie bei den Blackfeet, die treulosen Frauen die Nasen abschneiden, äußerst streng. Staunend erfährt man, dass die indianischen Krieger Homosexuelle und Transsexuelle, die wie Frauen leben wollen, als »Mannweiber« respektieren.

Seinen Plan, die Rocky Mountains zu bereisen, zerschlägt sich, weil Kämpfe zwischen Indianerstämmen ausbrechen, die auch für die Expedition gefährlich werden. So kehrt er 1834 zurück.

Die Berichte Wieds und die 81 Bilder Bodmers in »Die Reise nach Nordamerika«, erschienen 1842, sind von großem Wert für die Geschichte der indianischen Kulturen, gerade auch, weil von ihm besuchte Stämme wie die Mandan nach seiner Abreise durch eine von den Weißen eingeschleppte Pockenepidemie weitgehend ausgelöscht wurden.

Bis zu seinem Tode am 3. Februar 1867 arbeitet der unverheiratete Prinz unermüdlich an seinen Sammlungen, schreibt Monographien über Tiere und Pflanzen, korrespondiert europaweit mit Gelehrten oder wird von ihnen im Schloss Neuwied besucht. Sein Leben lang blieb er ein Forscher im wahrsten Sinne – sehr ungewöhnlich für einen Hochadligen jener Zeit. In seinen Veröffentlichungen besticht sein unbefangener Blick auf fremde Welten

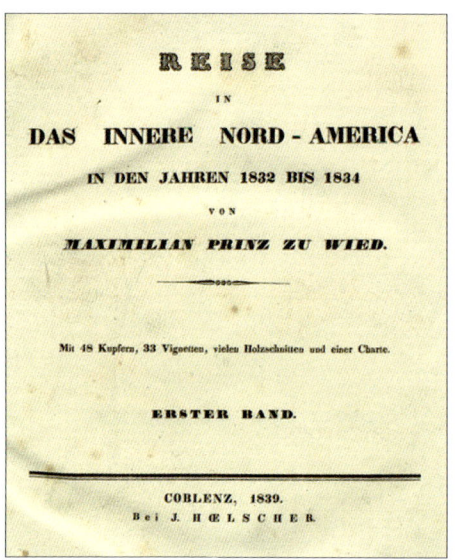

und Menschen. Nie ist die imperialistische kulturelle Arroganz zu spüren, die so viel Unheil im 19. Jahrhundert angerichtet hat. Im Gegenteil: Mehrfach kritisiert er offen die Unterdrückung der indianischen Urbevölkerung und der schwarzen Sklaven durch die europäischen Einwanderer.

Nur als ihm die bürgerliche Revolution 1848 das Jagdprivileg nimmt, verliert der begeisterte Jäger seine Toleranz und spuckt Gift und Galle.   CG

Titelblatt des 1. Bandes von: Reise in das innere Nord-America in den Jahren 1832 bis 1834.

Das Volk, zu dem der Gefährte Maximilians, der Botokude Quäck, gehörte, bezeichnet sich selbst als »Krenak.« Der Stamm zählte einst etwa 100.000 Menschen. Die europäischen Eroberer, vor allem die Portugiesen, dezimierten das Volk der Krenak radikal. Heute umfasst es nur noch ca. 600 Mitglieder, die im Einzugsgebiet der brasilianischen Stadt Jequitinhonha wohnen. Im Jahre 2012 wurde Quäcks Schädel vom Direktor des Bonner Museums König feierlich an die Vertreter der Krenak übergeben. Mit dieser Zeremonie sollten die Ureinwohner mit den Europäern, die in ihr Land kamen, versöhnt werden.

Mechthild von Sayn
Um 1200-1285
Geborene von Landsberg
Niederbreitbach

Die Jahrhundertgräfin

Chronologisch steht Mechthild von Sayn in unserer Sammlung an vorderster Stelle. Mit ihrer Vita leuchtet in der Rückschau ein großes Historienpanorama auf: das Mittelalter in seiner Blüte, mit unerbittlichen Erbfehden zwischen den Adelshäusern, der religiösen und weltlichen Machtfülle der Päpste, dem Fanatismus der Inquisition, mit Kreuzzügen, Minnesang und Rittertum. Und mittendrin eine bemerkenswerte Frau.

Es ist der Stoff, aus dem heutige Erfolgsromane geschrieben werden; wer dies zu früh versucht, wie Gertrud Zender bereits 1959, den bestraft die Literaturgeschichte … Denn alle Jubeljahre tun sich neue Quellen auf oder werden die alten umgedeutet. Was wissen wir also von Mechthild? Es geht schon los mit dem unsicheren Datum ihrer Geburt, 1200 oder 1205 oder dazwischen? Nicht ganz unwichtig: immerhin wird sie bereits 1215 verheiratet, so dass unser gegenwärtiger Moralkodex durchaus Wert darauf legt, sie möge zur Zeit ihrer Eheschließung wenigstens das 14. Lebensjahr erreicht haben.

Auch ihre Verwandte Elisabeth von Thüringen, die später so berühmte Heilige, wurde mit 14 verheiratet; während unserer Mechthild ein langes, weit über 80-jähriges Leben beschieden war, starb die unglückliche Elisabeth, religiös drangsaliert, bereits mit 28 Jahren. Als Tochter des Markgrafen Dietrich von Landsberg (im heutigen Sachsen-Anhalt) und seiner Frau

113

Jutta brachte Mechthild als Mitgift den thüringischen Fernbesitz im Westerwald mit in die Ehe, so dass sich die Saynische Grafschaft zu einem der bedeutendsten Territorien im Rheinland erweiterte.

Wie war es zu dieser Verbindung gekommen? Lange schon rivalisierten Staufer und Welfen, die beiden führenden Adelsgeschlechter, um die Vormacht im Heiligen Römischen Reich, und als Kaiser Heinrich IV. starb, entbrannte ein heftiger Thronstreit um die Nachfolge, auch zwischen den welfentreuen Saynern und dem Staufen-Anhänger Dietrich von Landsberg kriselte es gewaltig. So hatte Graf Heinrich III. von Sayn, ein zorniger junger Mann, in einem Scharmützel nahe Bonn die Flotte des staufischen Königs Philipp angegriffen und ausgeplündert. Da schaltete sich Onkel Bruno ein, Erzbischof von Köln, und vermittelte zwischen den Landsbergern und seinem Neffen, indem er 1206 bei Papst Innozenz III. einen Ehedispens anregte, ein beliebter Schachzug, um politische Fehden zu beenden. Der mächtige Papst spielte mit, und Graf Heinrich, der sich dank der ludowingisch-wettinischen Herkunft seiner blutjungen Gemahlin dem europäischen Hochadel zurechnen durfte, wurde gar zum Gefolgsmann des Staufenkaisers Friedrich II.

Eine arrangierte Ehe – aber, so ist zu vermuten, eine glückliche. An der Seite eines auch körperlich großen Mannes entwickelte sich Mechthild zu einer selbstbewussten Gefährtin, Schenkungen und andere Verträge beurkundete sie mit eigener Unterschrift, ihr erstes höfisches Siegel, als wichtiges Status- und Rechtssymbol, zeigt das stolze Motiv der Falkenjagd. Das Paar residierte zumeist auf seinen Burgen in Sayn und Blankenberg, in Köln im Kloster Seyne (auch Sion genannt). Herrscherorte waren zugleich Kulturstätten, an denen die *milte* des Landesherrn, also Großzügigkeit und Edelmut, sowie Schönheit und Huld der Herrin gerühmt wurden. Der Spruchdichter und Wandersänger Reinmar von Zweter hat den Grafen als

Siegel der Mechthild von Sayn

vortrefflichen Jäger besungen, und als noch besseren Gastgeber. Schon beim Sängerstreit auf der Wartburg mag Reinmar mitgewirkt haben, wie auch Heinrich von Ofterdingen. Ob dieser sagenhafte Minnesänger sich auch am Hof des Grafen von Sayn hat sehen und hören lassen – darüber wird bis heute gerne spekuliert.

Stärker als der Kunstsinn bildete sich beim Sayner Grafenpaar die Frömmigkeit heraus, besonders nachdem Mechthilds Gatte 1219 von einem Kreuzzug nach Ägypten wohlbehalten zurückgekehrt war. Sie stifteten zahlreiche Klöster, so auch die Ansiedlung der Abtei Marienstatt im Tal der Großen Nister. Von ihrer ersten Niederlassung auf der Kirburger Höhe zogen die Mönche um in das dank Mechthild ererb-te Saynische Hoheitsge-biet – wenn man zur Erklä-rung nicht der schönen Geschichte vom Weißdorn-zweig, der mitten im kal-ten Winter erblüht ist, den Vorzug gibt. Ausdrück-lich, ja formelhaft heißt es in den Dokumenten: der Graf und seine Gemahlin übergeben die Besitzung »zu ihrem Seelenheil und dem ihrer Eltern« bzw. »in Hoffnung auf ewige Beloh-nung«. Gleichzeitig wiesen sie dem Konvent fürs Ers-te sechs Fuder Moselwein zu sowie jährlich 20 Malter Korn aus den Hachenbur-ger Mühlen.

Das Gegenteil, näm-lich die ewige Verdammnis, drohte dem Grafen, als ihn der päpstliche Großinqui-sitor Konrad von Marburg aus düsterem Himmel der

Armreliquiar der Heiligen Elisabeth von Thüringen, Ei-gentum des Fürstenhauses Sayn-Wittgenstein-Sayn, aufbewahrt im Schrein der Schlosskapelle, Bendorf-Sayn.

Ketzerei beschuldigte. Dieser Konrad hatte bereits die jungverwitwete Elisabeth als ihr Beichtvater durch exzessive, von ihr selbst bejahte Bußübungen in den frühen Tod getrieben – aber auch in den Status einer erstaunlich raschen Verehrung als Heilige. Den Ketzerprozess vor dem Reichstag in Mainz konnte der politisch gut vernetzte Graf Heinrich für sich entscheiden, indem er als letzte Instanz den Papst persönlich anrief; beim Heimritt, jesuanisch auf einem Esel, wurde der im Volk verhasste Konrad von aufgebrachten Vasallen Heinrichs erschlagen. Möglicherweise hatte ja zum Grimm des Inquisitors beigetragen, dass eine Tochter der heiligen Elisabeth eine Zeitlang in der Obhut ihrer Verwandten in Sayn gelebt hat.

Aus Dankbarkeit für den guten Ausgang erhielt die Frömmigkeit der Gräfin einen neuen Schub, augenfällig am Wechsel ihres Siegels mit einem nunmehr religiösen Motiv, der Flucht der hl. Familie, und der lateinischen Umschrift: Gott, erbarme dich deiner Dienerin Mechthild. Göttlichen Trostes bedurfte sie insbesondere, als der erkrankte Heinrich in der Silvesternacht 1246/47 starb. Just zu diesem Zeitpunkt war Mechthild endlich schwanger geworden – doch das Kind starb kurz nach der Geburt. Die Grabfigur aus Eichenholz, die Mechthild anfertigen ließ, gehört zu den bedeutendsten Grabskulpturen des 13. Jahrhunderts. Die Hand des Grafen ruht auf dem Kopf eines Mädchens, das offenkundig älter ist als das frühver-

Grabfigur Graf Heinrich III. von Sayn

storbene. Es erscheint denkbar, bleibt aber spekulativ, dass der Künstler das Gesicht des Kindes nach dem Bilde der Mutter Mechthild gestaltet hat. In welch einer Gefühlskomplikation muss sie sich befunden haben, nachdem sie ihren Mann, ihr Kind, ihren Titel verloren hat. Fortan zeichnet sie als *quondam comitissa*, als ehemalige Gräfin, und trennt sich peu à peu von Teilen ihres Besitzes, den sie dem Kölner Erzstift überschreibt, an den Deutschen Orden verschenkt oder an ungeduldige Erbneffen abtritt.

Auch ihre Heiratsgüter im Westerwald vermacht sie testamentarisch der Kirche gegen jährliche Rentenzahlungen und lebenslanges Wohnrecht auf der von ihr hin und wieder genutzten (heute zum Teil renovierten) Neuerburg bei Niederbreitbach. Wohnrecht besaß sie auch weiterhin auf der Löwenburg im Siebengebirge. Von den Westerwäldern ist ihr insbesondere eine Schenkung von 300 Mark in Silber über die Jahrhunderte hin hochangerechnet worden. Anders als ihre heilige Verwandte Elisabeth behält sie bei aller Hinwendung zur Mutter Kirche ein gerütteltes Maß an weltlichem Pragmatismus, sie tritt keinem Orden bei.

Den Kölner Erzbischof muss sie immer wieder mahnen zur Herausgabe der *penninge, die mir min here der bisschoff inde dat gestichte van Colne schuldich sint*. Bei diesen Dokumenten fällt auf, dass sie zumeist, in markanter Formulierung, deutschsprachig abgefasst sind, ja, der erste original überlieferte deutsche »Privatbrief« stammt von Mechthild – wirklich Privates erfahren wir freilich nicht. Verbürgt ist indes ihre hohe Bildung; so war sie mit dem

Aufnahme zum Film »Hagenberg« (Regie: Thomas Sonnenschein, 2014). In der Rolle der Mechthild von Sayn: Katrin Hermann

117

bedeutenden Albertus Magnus befreundet, kannte dessen Schriften und wird in Köln auch seine volkssprachigen Predigten gehört haben.

Die letzten Lebensjahre verbringt sie in ihrem Kölner Kloster Seyne (Sion), wo sie mutmaßlich 1285 stirbt. Als kinderlose Witwe über 38 Jahre an der Spitze eines vormals machtvollen Lehnsverbands, hat sie die ihr verbliebenen Besitzungen zwar lange juristisch verteidigen, letztlich aber mangels militärischer Sicherung nur noch »abwickeln« können. Immer aber war sie als verantwortungsvolle Landesherrin um das Wohl ihrer Untertanen besorgt: eine im Rahmen tiefer Frömmigkeit hochkultivierte, für ihr Jahrhundert ungewöhnlich souveräne Frau mit eigenem Willen und eigener Sprache.

HF

Inkorrekter Zusatz:

Man kann sich durchaus fragen, ob im Vergleich zur monarchischen Ordnung des Mittelalters, in welchem die regierenden Adelshäuser familiär miteinander liiert waren und kriegerische Auseinandersetzungen in Grenzen zu halten wussten, die nationalistisch geprägte Moderne nicht das finsterere Zeitalter ist.

Hanns-Josef Ortheil
*1951
Schriftsteller
Wissen

Ich bin ein Westerwälder!

Eine durch und durch literarische Existenz: Romancier, Germanist, Professor für Kreatives Schreiben in Hildesheim, Sachbuchautor und Initiator der Westerwälder Literaturtage. Vielfach ausgezeichneter Autor. In nicht wenigen seiner Bücher, etwa vierzig sind es bisher, hat sich Ortheil seit der frühen Erzählung *Hecke* in immer neuen Anläufen dem Westerwald buchstäblich »verschrieben«.

Dass Schriftsteller, wie verhüllt auch immer, im Grunde von sich selber, vom eigenen Leben schreiben, bestätigt sich am Beispiel Hanns-Josef Ortheils inzwischen ohne jedes Versteckspiel. Obwohl er auch bei seinem privatesten Buch *Die Erfindung des Lebens* (2009) noch einen narrativen Filter einbaut und seinen Erzähler Johannes Catt nennt, ist dieser Roman in jeder Hinsicht autobiographisch.

Geboren wird er am 5. November 1951 in Köln-Nippes. Der Vater ist Landvermesser bei der Bundesbahn und stammt wie die Mutter aus Wissen, die hier als Bibliothekarin gearbeitet hat. Der Beruf des Vaters hat Umzüge nach Wuppertal und Mainz zur Folge. Von fünf Kindern, die den Eltern Ortheil geboren wurden, überlebt Hanns-Josef als einziges. Bei einem Bombenangriff in Berlin stirbt das erste Kind. Am 6. April 1945 kommt der zweite Bruder, nicht ganz drei Jahre alt, auf dem Hofgut Hecke, wohin sich die Mutter geflüchtet hat, durch einen (deutschen) Granatsplitter ums Leben. Die traumatisierte Mutter spricht kaum mehr; vollends verstummt sie, als sie nach dem Krieg zwei Totgeburten erleidet. Mit ihrem Mann verständigt sie sich über Zettel. Ihr jüngster Sohn Hanns-Josef wächst in symbiotischer Bindung an seine Mutter als stummes Kind auf, sagt kein einziges Wort, zur ersten Sprache wird ihm das Klavierspiel. Ihm droht gar die Sonderschule. Bei der Mutter lautet die Diagnose: Aphasie, beim Sohn: autistische Ich-Versenkung. Schon früh aber fühlt sich der Fünftgeborene und einzig Überlebende von seinen Brüdern himmlisch beschützt und begleitet – und verpflichtet, sie auf Erden zu vertreten.

»Herrgott, mir fällt es wirklich nicht leicht, von diesen Erlebnissen zu erzählen!« ruft der Schriftsteller aus, als er die entscheidenden Momente beschreibt, wie er als Siebenjähriger bei einem längeren Aufenthalt auf dem heimatlichen Bauernhof im Westerwald, vom klugen, geduldigen Vater angeleitet, über das Studium der Landschaft, über das väterliche Benennen der Natur (»*Silberpappel* hörte ich über die Maßen gern«), über das Zeichnen und Schreiben endlich zum Sprechen findet. Instinktiv hatte der Vater eine wochenlange heilsame Trennung von Köln, von der Mutter angeordnet und ein »Rettungsprogramm« für seinen Sohn in Gang gesetzt. Zunächst, als er zwei Jungen beim Fußballspielen zusieht, sagt er (bestätigt O. in einem Interview) zu einem der beiden nur drei knappe Worte: *Gib mal her!*, dann, an festlicher Tafel in der familieneigenen Gastwirtschaft Hahnhof, bricht es wie eine Sturzflut aus ihm heraus: *Da ist eine Suppenschüssel, und daneben ist eine Suppenkelle. Da ist ein Unterteller, da ist ein flacher Teller, da ist ein tiefer Teller. Der tiefe Teller ist ein Suppenteller, der kleine Teller ist ein Nachspeisenteller …*

Fortan erhält er systematischen Sprach- und Schreibunterricht durch die Eltern, die seine Lust an der Entdeckung immer neuer Wörter zu fördern wissen. Doch zunächst scheint dank seines außergewöhnlichen Klaviertalents eine Karriere als Pianist vorgezeichnet. Nach dem Abitur in Mainz beginnt er in Rom mit einem Klavierstudium und gibt bereits Schumann-Konzerte, bevor ihn eine chronische Sehnenscheidenentzündung zur Aufgabe zwingt. Zeitweilig kellnert er in einem Bonner Biergarten, bis ihn sein alter Deutschlehrer zum Studieren ermuntert. Er wird Literatur- und Musikwissenschaftler, schreibt über Jean Paul, über Mozart und debütiert mit dem Roman *Fermer*.

Westerwälder Kindheits-Schauplätze (an der Nister) finden sich in den Folgeromanen *Schwerenöter* und *Abschied von den Kriegsteilnehmern*. Nach diesen zeitkritischen Werken erscheinen historische Künstlerromane, und eine Liebes-Trilogie, darunter, kühn betitelt, *Die große Liebe*: das Buch lässt den Leser eintauchen in den Traum beseligender Stunden an der blauen Adria. Ein TV-Journalist verliebt sich in die Meeresbiologin Franca, die in den Augen des Liebhabers so sehr der schönen Maria Magdalena ähnelt auf dem Gemälde des Venezianers Carlo Crivelli. Der Roman spielt in San Benedetto, nahe dem Bergort Acquaviva Picena, wo der Künstler Erwin Wortelkamp sein italienisches Zweitdomizil hat, und auch Ortheil fährt Jahr für Jahr hierhin. Im Grunde, sagt Ortheil, auf seine Weise ja selber ein manischer Papierarbeiter, sei *Die große Liebe* nichts anderes als eine Umsetzung der hier entstehenden Papierarbeiten Wortelkamps, die ihn, Ortheil, stets aufs Neue den Zauber des Meeres und der Landschaft der Marken geradezu körperlich spüren lassen.

Ich bin in den Wäldern des Westerwaldes groß geworden, mein Elternhaus steht im Westerwald... Oft, wenn ich mit dem Zug durchs Land fahre, durch die fernste, westerwald-fernste Gegend, durch Franken, durch Niedersachsen, sehe ich für Sekunden durch Zugfenster Wege wie diesen graben... – und sofort bricht das Heimweh aus, ein unruhig machender Herzschmerz...

Aus: Erwin Wortelkamps Tal bei Hasselbach

Es ist bemerkenswert, wie hartnäckig Ortheil in seinen Werken es sich zur Aufgabe macht, gelingendes (Liebes-)Leben erzählerisch zu gestalten, also über Verlust und Scheitern, bei denen modernes künstlerisches Selbstverständnis oft stehenbleibt, hinauszukommen. Aus der Fülle weiterer Publikationen seien die beiden Reiseführer erwähnt, natürlich Italien betreffend, Venedig und Rom, in denen sich seine Lebensfreude nicht weniger nachhaltig mitteilt. Ortheil setzt seine Leser nicht nur auf die Spuren Vergils und Goethes, sondern weiß auch, wo es in Rom den besten geschmorten Ochsenschwanz gibt. In seinen Büchern wird insgesamt ausgiebig gekocht und getafelt. Ein schönes Beispiel, das mich ergötzt hat, weil es auch so viel über den Kulturbetrieb verrät, den heutzutage kaum einer besser kennt als Ortheil, ist die Passage in *Die geheimen Stunden der Nacht*, in der ein eitler Martin Walser, Grandseigneur der deutschen Literatur, seinen Auftritt hat und sich bei Lammkarree und rotem Barbera um den Finger wickeln lässt. Dieses Buch ist im Übrigen seiner Frau Imma Klemm gewidmet, der Chefin des Kröner Verlags. Das Aufwachsen ihrer beider Kinder hat Ortheil ebenfalls literarisch festgehalten, in *Lo und Lu. Roman eines Vaters*.

2014 nimmt eine verblüffte Leseröffentlichkeit seine *Berlinreise, Roman eines Nachgeborenen* entgegen. Es handelt sich um umfangreiche Aufzeichnungen, die sich der zwölfjährige Hanns-Josef bei einer Reise mit seinem Vater gemacht hat. Aus zwei Koffern, die die Mutter vor dem Krieg in Berlin zurückgelassen hat, packt der jugendliche Sohn die alten, dunklen Familienerinnerungen aus, die Trauer um den Verlust des ältesten Bruders – dies alles vor dem Hintergrund äußerst wachsamer und amüsanter Wahrnehmungen kurz nach dem Mauerbau. Fünfzig Jahre später veröffentlicht, ruft dieses Buch dank frühvollendeter Sprachfertigkeit und sensibler Darstellung überall großes Staunen, ja gerührte Zustimmung hervor, selbst in den kritischsten Gazetten.

So viele Bücher sie auch verfassen, letztlich arbeiten obsessive Erzähler wie Ortheil nur an einem einzigen: ihrem Lebens-Werk. Die wichtigste Landschaft ist ihnen die Sprachlandschaft des Romans. Denn das Schreiben ist ihr Leben, auch Ortheil, der keine Schreibblockaden kennt, schreibt und schreibt und schreibt, mit einer Klarheit und Wärme, die (Westerwälder) Köpfe und Herzen erreicht. Tagaus, tagein füllt er zudem Journale, Kalenderseiten, Skizzenbücher, daheim im Stuttgarter Gartenhaus, in seinem Elternhaus auf der Köttingerhöhe in Wissen oder in Hildesheim, wo er den literarischen Nachwuchs ausbildet, und wieder und wieder in Rom. Ja, er liebt die Ewige Stadt. Aber der so wortgewandte kommunikative Ortheil, und das ist gar nicht paradox, liebt ebenso das Schweigen und die (Westerwälder) Stille. Er liebt das über tausend Jahre alte *Kopfkissenbuch* der japanischen Hofdame Sei Shônagon. Ihn fasziniert der Anblick von Fahrrad fahrenden Frauen. Dies alles gehört in eine Welt nach seinem Geschmack.

HF

Ich nahm Platz, ich studierte die Karte, ich wollte zur Ruhe kommen, indem ich eine Karte studierte, *Studium* war jetzt das richtige, beruhigende Wort, ich ignorierte die mir bekannten Speisen, ich erhöhte den Schwierigkeitsgrad und suchte nach etwas Rarem, *la trippa in bianco*, las ich, Kutteln in Weißwein, ich stellte mir lang eingekochte, in einer öligen Weinsauce schwimmende Kutteln vor, schon bestellt, dachte ich, aber wie weiter, *una zuppa di porri*, ja, dachte ich, ganz genau, eine gute Lauchsuppe zu Beginn, dann ein kleines Bett *tagliatelle* mit einer Lage Steinpilzen darauf, endlich *la trippa*, dazu eine Flasche Falerio, gleich eine Flasche?, natürlich, eine Flasche, auch so etwas trug jetzt zur Beruhigung bei.

Aus: Die große Liebe

Fritz Philippi
1869-1933
Pfarrer und Schriftsteller
Breitscheid (Lahn-Dill-Kreis)

Dichter des
Hohen Westerwalds

»Hoh, wer kommt dort vom Höllkopf her geritten auf bäumenden Tieren? Der Riese Woost reitet die wilden Rosse zu und peitscht sie mit der flackerroten Geißel.« Nur sieben Jahre hat der Pfarrer und Schriftsteller Fritz Philippi *auf* dem Westerwald gelebt und hat ihn doch erfasst wie kaum einer vor ihm und nach ihm und ins dichterische Wort gebunden.

Das Schreiben haben sie ihm dort oben aber übelgenommen. In seiner Gemeinde hieß es noch lange nach seinem Weggang: »Er hot iwwer die Leu geschriwwe un des dout mer net.« Offene Feindseligkeit schlug ihm entgegen, als seine ersten Dorfgeschichten erschienen, der Küster war beleidigt, die Kirche blieb leer. »Weit, weit auseinander waren Hirte und Herde im Nebel auf wegloser Heide. Und hinfort wünschte die Pfarrfrau, dass er vorerst keine Handschrift mehr aus dem Haus gebe ohne ihre weibliche Imprimatur.«

Als städtischer Freigeistlicher und Poet dazu hat Philippi, ein »schroher« Typ, von 1897 bis 1904 im Kirchspiel Breitscheid-Medenbach-Rabenscheid gewirkt (da, wo sich heute drei Bundesländer berühren). Am 5. Januar 1869 wird er in Wiesbaden als Sohn eines Schlossermeisters geboren. Er studiert in Berlin, Tübingen und Marburg. 1893 ist er für ein paar Monate Vikar in Hachenburg-Altstadt, nach seiner ersten Pfarrstelle in Breitscheid dann Pfarrer in Diez, dort auch Zuchthaus-Seelsorger, ab 1911 Pfarrer, später

Dekan in Wiesbaden. Im Weltkrieg freiwilliger Feldgeistlicher. Ernst Jünger erwähnt ihn in den *Stahlgewittern* und in seinem Kriegstagebuch. Philippi stirbt am 20. Februar 1933.

Auf bedenkliche Weise dem Laster einer Schriftstellerei verfallen, die sich einbildet, der Mensch sei noch zu retten, gestaltet er schon in seinen frühen Büchern nach der Jahrhundertwende empfindungsstarke Einblicke in die Wällerseele, die zwischen der alten und neuen Zeit hin und her gerissen ist. Denn diese sieben Jahre auf der »Hohen Heide« haben ihn zum Dichter gemacht, der, als Pfarrer verkleidet, Augen und Ohren aufsperrt und die Einsamkeit, die Stille, das Brausen der Wälder, das Schweigen des Gesteins wahrnimmt, und vor allem die störrischen Menschen, auch sie eine seufzende Kreatur in all ihrer Armut, Engstirnigkeit und Gottesfurcht. Hier bereitet er den Boden für seine Literatur bäuerlicher Arbeits- und Lebenswelt. In den oft hochdramatischen Geschichten geht es verdammt schicksalhaft zu, aber immer wieder bewahrt ihn sein Humor vor jeder heimattümelnden Sentimentalität.

Die Erzählung *Die Wiederkunft Christi* spielt in dem Dorf »Laad«. Das reale Laad (bei Hachenburg) war früher eine Verladestelle für Heu und Getreide. In Philippis Laad droben auf der einsamen Heide glaubten die Leute, der Name bedeute Leid, ihr Ort sei verflucht. Von jeher sind die Männer als Besenbinder mit der Kiepe auf Wanderschaft, und jetzt, zu Beginn der neuen Zeit, verdingen sie sich als Bergleute im Siegerland. Da gerät das Weiberdorf in einen religiösen Wahn, der bis in die Nachbarschaft reicht, ins Dorf Atzelgift jenseits der Fuchskaute. Dort wohnt eine Frau, die im Namen Jesu für ihre Küken Eierfutter kocht, und keines ihrer Küchlein, so wird in Laad gewispert, ging hinfort verloren. »Wie? Der Heiland ein Schutzpatron für Hühnerfutter?«

Eine andere Geschichte, in der von keiner geistlichen Verwirrung, sondern einer weltlichen die Rede ist, und nicht von Hühnern, sondern von Hähnen, beginnt so: »Ich will jetzt erzählen, wie es kam, dass in Wildendorn auf dem Westerwald, wo doch jedermann ein heller Kopf und guter Deutscher ist, bei der Bürgermeisterwahl ein Gickel den Ausschlag gab.« Zu einem guten Deutschen Westerwälder Provenienz gehören (damals) naturgemäß Vorbehalte gegenüber allem Fremden. So heißt es in der Erzählung *Die Freibrüderschaft* von den Italienern, die beim Eisenbahnbau beschäftigt sind: »Die welschten eine Sprache, als wären sie nicht recht gescheit. Und die einzig richtige Sprache der Menschheit, die Westerwälder, verstanden sie nicht, selbst als der Bürgermeister, braunrot im Gesicht, sie ihnen in die

Ohren schrie.« Dieses »ruchlose Volk« ist schlimmer als die Mäckeser, die Zigeuner der Hohen Heide. Und zwangsläufig wird in dem Roman *Weiße Erde* ein Italiener von Schmiedhenners Robert erstochen …

Doch Philippi hat für seine Westerwälder ein barmherziges und ein poetisches Auge. Er sieht ihr Elend, ihre Not ums tägliche Brot, ihre Verstrickungen. Und – wie alle guten Schriftsteller – macht er aus der Existenznot des Menschen die Tugend des festgehaltenen schönen Bildes: »Der Botenfranz warf schon immer beim Gehen das rechte Bein seitwärts. Wenn er's kräftig schlenkerte, hüpfte ihm hinten der Ranzen. Auf solche Weise setzte er seinen Beruf in Musik um, in künstlerisches Behagen. Den Takt stapfte der Knotenstock.«

Es liegt über Philippis Erzählwerk ein Hauch belustigter Freiheit. Bei aller patriarchalischen Grundordnung kommen starke Frauen zu Wort: »Und an der Spitze des Zugs, die braune Knochenhand am Pferdezaum, schritt die Hauptmännin der Mäckeser. Fröhlichs Bette war's, ein stachlichtes Gewächs, vor der dem tapfersten Mann das Widerwort entfiel.« Und wie da einem hartnäckigen Einspänner, also einem Junggesellen, zugesetzt wird: »Denn ein Teil der Weiblichkeit in Hasselbach in dem trunknen Lebensalter, wo der Mensch das Leben ansieht als einen Kirmestanz – Juchhuh und glatte Bahn voraus! – trieb es zeitlich so arg mit dem Nixe Jakob, dass die Vermutung mindestens für Hasselbach nicht von der Hand zu weisen ist: Die Menschheitshälfte mit dem zarten Kinn und dem buntverschnürten Mieder ist nicht ohne etliche Boshaftigkeit.«

Die Geschichte der Frauen im Westerwald, die aufbegehrt haben gegen Armut, Wucher, Fron, Gebärzwang, gegen den Despoten in der Residenz oder im eigenen Haus – Philippi bringt sie zur Sprache. Und als wär's ein heutiges Stück von Annegret Held, wenn Philippi erzählt, wie die Wäller sich zusammendrängen, »um beieinander ihresgleichen zu suchen … und nicht in die Irre und den Wilde-Watz-Wald zu geraten«, und die Mundart in zumutbarer Dosierung dem Hochdeutschen unterjubelt. Beide setzen als Stellvertreter des Allwissenden irdische Hilfskräfte ein, den Kistenfranz z. B. die eine, den Pfarrer Weidhaas der andere, nicht als Übergescheite oder Übergeistliche, sondern als Mitmenschen, die sich denen zuwenden, die heimgesucht werden von allzu viel Tod und Ackerei und Dummheit.

Doch bei aller Abwehr religiöser Schwärmerei – in *Durch die Wolfskehle* erzählt ein junger Vikar respektvoll von einem Besuch in der Bibelstunde der »Bekehrten«: »Ich fand dort eine Gemeinschaft über dem aufgeschlagenen Wort. Es war etwas zwischen den Leuten, von einem zum anderen hin, was sie verband.« Um ihre Heilsgewissheit beneidet sie der Vikar, den immer wieder Fragen und Zweifel beschleichen. Ähnlich ergeht es Philipp Weidhaas, dem Alter ego Philippis in dem großen Roman *Weiße Erde*. Seinen Sinn für das Heilige, das ihm manchmal in Gottes freier Natur begegnet oder am Lager eines sterbenden Kindes, erweitert der Pfarrer um die Suche nach dem besseren Menschen. Er ist nicht länger nur der Seelenhirt der Leute von Sonnwalt im Erdbäckerland, er kümmert sich um die Häfner, denen der Herrgott selber das Erdrecht, das Mutungsrecht, verliehen hat. Die Töpfer sind im Krieg mit dem neuen Machthaber im Dorf, einem Industriellen, der hier in ihrer Gemarkung eine Tonfabrik errichtet. Philippis rotbärtiger Held setzt sich für die Gründung einer Genossenschaft und eines Arbeitervereins ein und gerät zwischen alle Fronten.

Ein christliches, ein sozial kämpferisches Buch mit richtigen Menschen, keinen Kunstfiguren. Und natürlich, damit kein Literaturpapst widerspreche: eine Geschichte von Liebe und Tod, in der es zum Schluss heißt: »Es ist ein Großes trotz aller Jämmerlichkeit, einmal gelebt und in der engen Schädelhöhle und in der Herzkammer das Leben gespürt zu haben.«

HF

Werke Philippis (Auswahl):

Hasselbach und Wildendorn (1902); Unter den langen Dächern (1906); Freibier (1906); Von der Erde und vom Menschen (1907); Weiße Erde (1913), später unter dem Titel »Erdrecht« erschienen; Adam Notmann (1916); Auf der Hohen Heide (1921); Vom Pfarrer Mathias Hirsekorn und seinen Leuten (1924, neu aufgelegt 2013); Aus dem Westerwald (1927). Das geistliche Gespenst (neu aufgelegt 2008).

»So oft der Pfarrer Cölarius von Laad seine Zeit auf der Totenheide verging oder sie auf einem Stein draußen in der weiten Himmelsstube mit Zuschauen verhockte, immer traf er zuletzt auf den Heidechrist und seine Schafe. Die beiden, der Menschen- und der Schafhirte, hielten sich die Ansprache und schauten und lauschten weithin zwischen den Worten und hatten Tür und Fenster an ihrem Seelenhaus offen stehen. Alsdann waren ›die zwei größten Faulenzer im Dorf‹ beieinander. Der eine las das Wort der Bibel umgekehrt, ›sechs Tage ruhn und einen Tag Arbeit‹, und bei dem andern war's zum Welterstaunen, dass er sich die Beine noch nicht in den Leib gestanden hatte.«

Aus: Aus dem Westerwald

Der Revolutionär
des Theaters

Neben Bertolt Brecht ist Erwin Piscator zweifellos der bedeutendste Erneuerer für das deutsche Theater des 20. Jahrhunderts gewesen, ebenso wie sein Freund und Antipode weltweit bekannt und anerkannt. Von Berlin und Moskau über Paris und New York – in allen diesen Weltstädten hat er jahrelang gelebt und Wirkung hinterlassen. Jedoch seine Herkunft aus dem hessischen Westerwald hat er trotz aller Weltläufigkeit nie verleugnet. Hier verbringt er seine frühe Kindheit unter Bauern, und hierher zieht es ihn immer wieder zurück zum Ausruhen und Arbeiten.

Er wird am 17. Dezember 1893 im kleinen Dorf Ulm geboren, neben der Festung Greifenstein nahe Herborn gelegen. Sein Name geht zurück auf einen Vorfahren, den Theologen und Bibelübersetzer Johannes Fischer (1546-1625), der seinen Namen latinisierte. Er lehrte als strenger Calvinist an der damals in ganz Europa bekannten Hohen Schule in Herborn, an der auch Johann Comenius, der bis heute wirksame Schulreformer, studiert hatte. Piscator berief sich durchaus auf die Verwandtschaft mit diesem Urahnen: »*Einige Tropfen des ernsten, unhumorigen Protestantismus sind in meinem Blut geblieben!*«

Was ihn als Menschen und Künstler im Wesentlichen kennzeichnet, wird früh von zwei einschneidenden Erlebnissen ausgelöst:

An einer Aufführung der »Maria Stuart« in Gießen, die er als Schüler besucht, entzündet sich seine Begeisterung fürs Theater: »*… da war ich tief* *erschüttert, weinte nächtelang und beschloss, das muss ich auch erleben. So ent-stand meine Idee, zur Bühne zu gehen.«*

Und sein unbeirrbarer Pazifismus und Sozialismus verdankt sich sei-nen Erfahrungen im Ersten Weltkrieg. Als Zweiundzwanzigjähriger wird Piscator 1915 eingezogen und als Infanterist in die grauenvollen Schlach-ten um das nordfranzösische Ypern geworfen. Was er dort im Stellungs-krieg erfährt, verfolgt ihn ein Leben lang bis in seine Träume. *»Ypern«* wird für ihn ein Symbol, das alles enthält, was sein inneres Leben zusammen-fasst. Manchmal, wie seine Frau Marie Ley-Piscator in ihren Erinnerungen bezeugt, spricht er den Namen dieses Schlachtfeldes beschwörend im Schlaf aus, wenn er vor wichtigen Entscheidungen steht.

Mehrfach verwundet kehrt er aus dem Krieg zurück und geht nach Berlin, in das Zentrum der republikanischen Revolution. Dort gründet er 1920 mit einigen Weggefährten das »Proletarische Theater«, dessen Name Programm ist. Sie spielen in Gasthaussälen der Arbeiterviertel zunächst plakative agitatorische Stücke, mit denen sie ein anderes Publikum als das gehobene Bildungsbürgertum gewinnen wollen. Bald verfeinert er seinen Stil. Früher als Brecht entwickelt er eine Art erzählender Dramaturgie. Seine Stücke neuer Art sind nicht mehr klassisch in drei oder fünf Akten angeord-net. Die Handlung wird in einer schnellen Abfolge von Szenen organisiert. Er bricht mit den theatralischen Sehgewohnheiten und fordert die Zuschau-er heraus, ästhetisch und politisch. In einer Kritik des Jahres 1920 heißt es: *»Das Publikum fühlt, daß es hier einen Blick in das wirkliche Leben getan hat, daß es Zuschauer nicht eines Theaterstücks, sondern eines Stückes wirklichen Lebens ist.«*

Von Beginn an kämpft er mit finanziellen Problemen, die sein technisch aufwändiger, höchst kostenintensiver Inszenierungsstil mit sich bringt. Die neuen Massenmedien werden von ihm auf die Bühne geholt. Texte, Bilder, sogar vorproduzierte Filme werden auf Leinwände und Decken projiziert. Piscator träumt davon, *»Totaltheater«* zu machen. Bald hat er einen legen-dären Ruf. Die Zwanziger Jahre sind seine große Zeit, da begründet er sei-ne Bedeutung für das Theater der Welt.

Natürlich treffen die Piscator-Bühnen mit ihrer konsequenten politi-schen Haltung und ihrer umstürzend neuen Technik auf die Todfeindschaft der NSDAP, die das öffentliche Leben immer stärker terrorisiert. Er hätte wohl wie Carl von Ossietzky und viele andere prominente Antifaschisten die Anfangszeit der Nazis nicht überlebt, wäre er nicht zum Zeitpunkt der nationalsozialistischen Machtergreifung zufällig in Moskau gewesen, um einen Film zu drehen.

Und ein glücklicher Zufall ist es auch, der ihn mit einer schönen Ballett-Tänzerin französisch-österreichischer Abstammung zusammenführt, Maria Ley, die als Witwe eines AEG-Erben steinreich geworden ist. Er heiratet sie 1936 in Paris und zieht mit ihr in ein Palais. Alte Mitkämpfer, die ihn dort besuchen, meinen, einen veränderten Erwin Piscator anzutreffen und wundern sich, dass er sich in diesem Luxus wohlzufühlen scheint.

Tatsächlich aber ist Piscator wie gelähmt, allein und abgeschnitten von der Muttersprache wie von den einstigen Mitarbeitern. Auf der Flucht vor Hitler landet er schließlich in New York, wo er vergeblich auf die Inszenierung eines eigenen Stückes am Broadway hofft. Als Erinnerung und Halt begleitet ihn überall hin sein altes Dillenburger Autokennzeichen.

Um seine Aufenthaltsgenehmigung in den USA verlängern zu können, erfindet Piscator für sich einen neuen Beruf, weil die Einwanderungsquote für Regisseure erfüllt ist. Er nennt sich Lehrer und gründet eine Schule für Schauspiel und Dramaturgie: den Dramatic Workshop. Hier studieren die jungen Autoren Tennessee Williams und Arthur Miller das szenische Schreiben, und später berühmte Hollywood-Stars wie Harry Belafonte, Tony Curtis, Rod Steiger und Marlon Brando lernen bei Piscator ihr Handwerk.

Piscator (links) und der junge Marlon Brando (ganz rechts) in einem Sommer-Workshop

Seine Arbeit als Mentor der jungen amerikanischen Schauspieler-Generation endet mit dem Ausbruch des Kalten Krieges zwischen den ehemaligen Waffenbrüdern Sowjetunion und USA. Eine pathologische Kommunistenfurcht ergreift die amerikanische Gesellschaft, geschürt vom »Ausschuss für unamerikanische Umtriebe« unter Senator McCarthy. Alle, die nur irgendwie als »links« gelten, werden verdächtigt, die USA unterwandern und an die Sowjetunion verraten zu wollen. Auch Piscator steht unter Beobachtung. Als ihn eine Vorladung des McCarthy-Ausschusses erreicht, nimmt er sofort ein Flugzeug nach Hamburg – ohne seine Frau, die nicht im zerstörten Deutschland leben will. Sie bleiben ihr Leben lang verbunden, besuchen sich immer wieder gegenseitig, wohnen aber nie mehr zusammen.

Nun beginnt nach seiner Zeit in der Weimarer Republik und in New York die dritte Phase seines Bühnenlebens. Doch die überragende Bedeutung wie in den 20er Jahren erreicht er in der BRD nicht einmal ansatzweise. Die Künstler und Intellektuellen, die als Gegner Hitlers oft unter Lebensgefahr emigrieren mussten, werden in der BRD nicht mit offenen Armen empfangen. Man wirft ihnen vor, ihre Heimat im Stich gelassen zu haben. Jahrelang muss Piscator als Gastregisseur an größeren und kleineren Häusern durch die Bundesrepublik tingeln, mit wechselndem Erfolg und argwöhnisch beobachtet von einer konservativen Theaterkritik.

Noch einmal gelingt es ihm ab 1961 als Intendant der Volksbühne Berlin, spektakuläre politische Stücke durchzusetzen wie »Der Stellvertreter« von Rolf Hochhuth, der das Schweigen des Papstes zum Holocaust angreift und »Die Ermittlung« von Peter Weiss, der den Auschwitz-Prozess dokumentiert. Eine feindliche Presse schreibt die grandiosen Publikumserfolge so krass herunter, dass sich gegen diese Polemik öffentlicher Protest erhebt.

Piscator ist jetzt über 70, zermürbt vom lebenslangen Kampf für seine Theatervisionen. Als eine Lungenentzündung ausbricht, zieht er sich in eine Starnberger Klinik zurück, um zu gesunden. Schon glauben er und seine Freunde und Mitarbeiter an Genesung, schon macht er wieder Pläne für neue Aufführungen, da greift die Krankheit seine Nieren an, die geschädigt sind durch jahrelange Einnahme von Schlaftabletten. Weil die Klinik nicht mit Geräten für eine Dialyse ausgerüstet ist, stirbt Erwin Piscator am 30. März 1966.   CG

Friedrich Wilhelm Raiffeisen
1818-1888
Sozialreformer
Hamm, Weyerbusch, Flammersfeld

Der Mikrofinanz-Pionier

Sein Name leuchtet als weltweit strahlendes Vorbild heller denn je. Als gottes-fürchtiger Menschenbruder zeigte er den Bedürftigen im Westerwald, wie sie eigenständig aus der oft selbstverschuldeten Misere herausfinden konnten. »Einer für alle, alle für einen« wurde zur Parole der genossenschaftlichen Selbsthilfe, so dass sich die verarmten Bauern aus dem Würgegriff bloßer Profitgier befreien konnten. Raiffeisen entwickelte ein soziales Modell, dessen Grundideen auch in der heutigen Finanzkrise heilsame Impulse geben können.

Vielleicht hätte er ja Militärkommandant werden wollen. Oder ein hohes Tier in der preußischen Verwaltung. Doch sein allerhöchster himmlischer Dienstherr hatte etwas anderes mit dem gläubigen jungen Westerwälder vor. An der Sayner Hütte, wo der junge Soldat als »Oberfeuerwerker« mit der Abnahme von Geschützmunition betraut war, zog er sich eine Augener-krankung zu, so dass er in die zivile Laufbahn wechseln musste. 1845 wurde er zum Bürgermeister von Weyerbusch ernannt. Schon sein eigener Vater hatte für kurze Zeit das Amt eines Landbürgermeisters in Hamm an der Sieg bekleidet.

Hier im Haus der Familie Lanzendörfer (der heutigen Alten Vogtei), in die der Vater Gottfried Friedrich eingeheiratet hat, kommt Raiffeisen am 30. März 1818 zur Welt, als siebtes von neun Kindern. Wenig später verschwindet der Vater aus dem öffentlichen Leben, er hat Geld aus der

Raiffeisen-Museum, Hamm
Im Ort ist man uneins darüber, wo Raiffeisen geboren wurde: nahebei in der »Alten Vog-
tei«, wie dort aus guten Gründen versichert wird, denen ich mich anschließe, oder im
heutigen Raiffeisen-Museum, das allemal eine Besichtung wert ist und wo man auf dem
Erstgeburtshausrecht beharrt.

Armenkasse veruntreut, randaliert zeitweilig, taucht unter. Ist er Alkoholi-
ker, gemütskrank? Die Familie darbt. Peinlich für den bisher so guten Ruf im
Ort, der später berühmte Sohn wird sich darüber lebenslang ausschweigen.
Dank dem Patenonkel, Ortspfarrer Seippel, werden dem jungen Wilhelm
trotz des häuslichen Dilemmas christliche Werte und höhere Bildung zuteil.

Nicht erst seit dem Hungerwinter 1846/47 weiß der junge Bürgermeister
also, was Existenznot bedeutet. Missernte und Unvermögen der Dorfleute,
die vom Zinswucher privater Geldverleiher abhängig sind, veranlassen den
Weyerbuscher »Samtbürgermeister«, an die Ärmsten Mehl auf Vorschuss
zu verteilen und einen »Brodverein« zu gründen. In einem eigenen Back-
haus wird Brot gebacken und zum Niedrigpreis abgegeben. Raiffeisen hat
inzwischen die hübsche Emilie Storck geheiratet, eine Apothekerstochter
aus Remagen. Von ihren neun Kindern werden nur vier überleben.

Die Koblenzer Regierungsbehörde weiß Raiffeisens Organisationsta-
lent zu schätzen. Schon 1848 – im gleichen Jahr veröffentlichen Marx und
Engels ihr »Kommunistisches Manifest« – wird er zum Bürgermeister der

Raiffeisenhaus in Flammersfeld. Hier wirkte Friedrich Wilhelm Raiffeisen von 1848-1852 als Bürgermeister.

größeren Gemeinde Flammersfeld ernannt. Ein Jahr später gelingt es ihm, sechzig wohlhabende Bürger davon zu überzeugen, dass es ihre »Christen- und Menschenpflicht« sei, für Geldmittel zugunsten von Notleidenden solidarisch zu haften: der »Flammersfelder Hülfsverein zur Unterstützung unbemittelter Landwirthe« wird gegründet. Der Ankauf und Wiederverkauf von Vieh, Saatgut und Gerätschaften erweist sich aber als allzu umständlich und kostspielig, so dass sich der Verein schon bald darauf beschränkt, günstige, langfristige Darlehen zu vergeben. Raiffeisen hat zudem begriffen, dass Bildung, Gesundheitsvorsorge und Straßen vonnöten sind. Er errichtet Schulen, lässt Brunnen bohren und kümmert sich um eine solide Straßenverbindung Richtung Neuwied. Schon in Weyerbusch hatte er mit dem Bau der heutigen »Historischen Raiffeisenstraße« begonnen.

Seine dritte Bürgermeister-Station ist ab 1852 Heddesdorf. Wieder sind es gutsituierte Einwohner, die mit ihrem Privatvermögen für die Verbindlichkeiten des anfangs sehr engagierten »Wohltätigkeitsvereins« haften. Dann die Krise: 1863 stirbt seine Frau, er selbst, der sich Jahre zuvor an Typhus infiziert und eine Nervenschwäche zurückbehalten hat, erkrankt auf den Tod, sein Testament liegt bereits in der Schublade. Doch er kommt wieder auf die Beine, gerade rechtzeitig, denn in Heddesdorf bröckelt die Zahl der Unterstützer, der Verein ist am Ende. Mit der bloßen Wohltätigkeit ist es nicht getan, fortan soll das Prinzip unbedingter Selbsthilfe gelten: mit dieser Verpflichtung zur Solidarhaft aller Mitglieder gründet Bürgermeister Raiffeisen 1864 den »Heddesdorfer Darlehnskassen-Verein«, der historisch als erste ländliche Genossenschaft gilt. 300 Bürger unterschreiben die Statuten. Auch der Neuwieder Fürst Wilhelm zu Wied ist sein Förderer. Doch zunehmende Erblindung zwingt Raiffeisen mit 47 Jahren in die Frühpensionierung. Die freie Zeit nutzt er, um ein Buch zu schreiben, das seine sozialreformerischen Ideen und Erfahrungen weithin verbreitet: »Die Darlehnskassen-Vereine als Mittel zur Abhilfe der Noth der ländlichen Bevölkerung sowie auch der städtischen Handwerker und Arbeiter«. Seine eigene materielle Not sucht er durch die Gründung einer Zigarrenfabrik und später einer Weinhandlung abzuwenden. Eng an der Seite Raiffeisens bleibt die älteste Tochter Amalie, mit seinem leichtlebigen Sohn Rudolf hat sich der strenggläubige Vater überworfen. 1868 geht er mit der Pfarrerswitwe Maria Penseort eine zweite Ehe ein.

Obwohl er viel auf Reisen ist – mit dem anderen Pionier, der parallel zu Raiffeisen in Sachsen städtische Genossenschaften für Handwerker und Gewerbetreibende gründet, mit Hermann Schulze-Delitzsch trifft er nicht zusammen. Sie korrespondieren miteinander und sie geraten in einen »Systemstreit«. Der wirtschaftsliberale Schulze ist unserem Vater Raiffeisen nicht barmherzig genug. So sehr er sich davon hat überzeugen lassen, dass die »Bedürftigen selbst Träger und Garanten der Genossenschaft« sein müssten – über alle Hilfe zur Selbsthilfe und Selbstverantwortung hinaus geht es Raiffeisen um christliche Moral und praktizierte Nächstenliebe, konkret in Heddesdorf etwa neben der Kreditvergabe auch um den Aufbau einer

Sonderbriefmarken zu Ehren der beiden großen Sozialreformer

Volksbibliothek, die Strafentlassenenfürsorge sowie die Betreuung verwahrloster Kinder. Niemals, sagt er, dürften »unsere Vereine zu reinen Geldgeschäften herabsinken«. Er trägt sich mit dem Gedanken, nach dem Vorbild der Neuwieder Herrnhuter Brüdergemeine eine Handelsgesellschaft oder auch eine geistliche Bruderschaft, eine Kommunität, zu gründen. Nun, nicht alle seine Pläne kann er verwirklichen. Am 11. März 1888 stirbt Raiffeisen, bestattet wird er auf dem Heddesdorfer Friedhof.

»Bankier der Barmherzigkeit« nennt ihn Michael Klein in einem Buchtitel. Der Pfarrer von Hamm an der Sieg hat Raiffeisen auch in einer umfänglichen Dissertationsschrift gewürdigt. Für Klein steht fest, dass Friedrich Wilhelm Raiffeisen ohne Zweifel zu den großen christlichen Sozialreformern

Ricardo Gold, Öl auf Leinwand, 80x60 cm, 2012

gezählt werden muss, der es verdient, in einem Atemzug mit Namen wie Wichern, Fliedner, Kolping, Ketteler oder Bodelschwingh genannt zu werden. Mancher Pfarrer damals auf dem Lande, sagt Pfarrer Klein, ist durch seine Liebe zu den Menschen ein Raiffeisen-Mann geworden, der Bibel und Sparbuch, Kanzel und Kasse, Seelsorge und Kredit zu verbinden wusste. Ja, er war ein großer Mann (ein Kind seiner Zeit natürlich auch), eine charismatische Persönlichkeit, die weit über die eigenen Lebensgrenzen hinaus ihre Wirkungen entfaltete. Genossenschaften haben sich zu Hunderttausenden in aller Welt gebildet, ob als Banken oder als Unternehmen. Und immer wieder gibt es Mikrofinanz-Initiatoren, z.B. Muhammad Yunus in Bangladesch, die ganz unten anfangen und in der Nachfolge Raiffeisens durch Hilfe zur Selbsthilfe den Weg aus der Not weisen. Oder den Fritz Voigt von der kleinsten Bank Deutschlands, jenen edlen Streiter wider die Gier großer »Raffeisenbanken«.

Mittlerweile haben die Deutsche Friedrich-Wilhelm-Raiffeisen-Gesellschaft und die Deutsche Hermann-Schulze-Delitzsch-Gesellschaft ein Antragsverfahren in die Wege geleitet, das zum Ziel hat, von der Unesco die Anerkennung der Genossenschaftsidee als Immaterielles Kulturerbe zu erhalten.   HF

Das Vorbild der Bienen

Ich verfiel, um dem Treiben der Menschen für kurze Zeit zu entgehen, auf das Tierreich und dabei merkwürdigerweise auf das Bienenvolk, Als ich mich einigermaßen damit vertraut gemacht hatte, bemerkte ich, daß ich aus dem Regen in die Traufe gekommen war. Ich fand eine Genossenschaft mit wunderbarer Organisation, vortrefflicher Arbeitsteilung und außerordentlichem Fleiße, Enthaltsamkeit in der Zeit des Mangels, Sparsamkeit zur Zeit der Not, einer sorgsamen Pflege der Nachkommenschaft sowie der schwächsten Glieder, einer unbedingten Hingabe des einzelnen Individuums an die Gesamtheit, einem einheitlichen und ausdauernden Zusammenwirken der ganzen Genossenschaft.

Aus: Vereinstag, 1887

August Sander
1876-1964
Photograph
Herdorf

Gehortete Zeit

In den klassischen Künsten wie der Musik, der Literatur, der Malerei und Bild-hauerei gibt es bisher keinen einzigen Westerwälder, der uneingeschränkt Welt-geltung genießt. In einer neueren Sparte indes, der künstlerischen Fotografie, hat ein Westerwälder diese Reputation erlangt: August Sander.

Sander wird am 17. November 1876 als Sohn eines Bergzimmermanns in Herdorf, Kreis Altenkirchen, geboren. Nach der Schulzeit arbeitet er in einer heimischen Eisenerzgrube. Ein Siegener Berufsfotograf weckt sein Interesse am Fotografieren, dank der Hilfe eines Onkels kann er sich eine erste Ausrüstung kaufen. 1896 wird er nach Trier zum Militärdienst einge-zogen; hier wie während seiner Wanderjahre, die ihn nach Magdeburg, Hal-le, Leipzig, Berlin und Dresden führen, ist er in Fotoateliers tätig. In Linz an der Donau übernimmt er schließlich die »Photographische Kunstanstalt Greif«. 1902 heiratet er Anna Seitenmacher, mit der er drei Kinder hat, ein Zwillingssohn stirbt bei der Geburt. 1909/10 zieht die Familie nach Köln, wo Sander im Stadtteil Lindenthal sein eigenes Atelier gründet. Gleichzei-tig baut er sich in seiner Westerwälder Heimat einen Kundenstamm auf. Vor einer auf Stativ montierten Plattenkamera lässt er die ihm vertrauten urigen Landleute stillstehen.

Nach dem Ersten Weltkrieg, an dem er aktiv teilnimmt, knüpft er Kon-takte zu Kölner Künstlern und entwirft zunächst eine »Stammappe« mit

Gestalten aus dem Westerwald. Von diesem Fundus her erweitert er seine Arbeit auf das »physiognomische Zeitbild einer ganzen Generation«, wie er selbst sagt, und entwickelt sein naturgemäß nicht zu vollendendes Großprojekt *Menschen des 20. Jahrhunderts*, aufgeteilt in sieben Gruppen unter den Titeln: *Der Bauer, Der Handwerker, Die Frau, Die Stände, Die Künstler, Die Großstadt* und *Die letzten Menschen*, wobei diese letzte Gruppe Aufnahmen von Kranken, Alten und Verstorbenen zeigt. In 45 Mappen von je 12 Bildern soll diese Sammlung alle Gesellschafts- und Berufsgruppen der Weimarer Republik dokumentieren, »Typen«, ohne dass sie ihre Individualität verlieren, die ihren unverrückbaren Sitz bzw. Stand im Leben haben, ablesbar an den Bildunterschriften: Der Herrenbauer, Kleinstadtbürger, Dame der Gesellschaft, Konditor, Gasarbeiter, Arbeitslos, Boxer, Zirkusartisten, Stadtmissionare etc.

Eine erste Auswahl von 60 Aufnahmen erscheint 1929; das Buch *Antlitz der Zeit*, zu dem Alfred Döblin ein Vorwort schreibt, findet große Beachtung. Tucholsky, Thomas Mann, Walter Benjamin rühmen das Werk. Sanders Portraits stoßen in der NS-Zeit auf Ablehnung, obwohl er z.B. den Bauern zum »Urtypus« erklärt. Die Druckstöcke und die Restauflage von *Antlitz der Zeit* werden vernichtet. Gemäß totalitärer Logik gehört eine Kunst, die

August Sander: Straßenbauarbeiter, 1927

August Sander: Der Philosoph (1913) und Die Philosophin (1913),
aus: »Menschen des 20. Jahrhunderts«, »Stammappe«.

sich dem Motto *Sehen, Beobachten und Denken* verpflichtet weiß, kaltgestellt. Sohn Erich, Mitglied der SAPD, wird 1934 verhaftet und stirbt zehn Jahre später im Zuchthaus. Es gibt eine Aufnahme, die ihn in seiner Zelle zeigt. Die Mappe 44, Titel: »Die Verfolgten«, enthält nach Sanders Aussage Bilder von Kölner Juden.

Von 1942 an nimmt August Sander den Umzug in den Westerwald vor. Sein Kölner Atelier zerstören die Bombenangriffe der Alliierten. Doch den Hauptteil seines Fotoarchivs hat Sander nach Kuchhausen gerettet, dem Dorf in der Gemeinde Windeck am Rande des Westerwalds, wo er bis zu seinem Tod am 20. April 1964 lebt und weiter arbeitet. Als er im Alter von 87 Jahren stirbt, hinterlässt er ein immenses Archiv von vielen Tausenden Originalabzügen und Glasnegativen. Auf dem Melaten-Friedhof in Köln hat er seine letzte Ruhestätte gefunden.

Das August Sander Archiv mit dem weltweit größten Bestand an seinen Werken (über 4.500 Originalabzüge und rund 11.000 Originalnegative) befindet sich in der Photographischen Sammlung/SK Stiftung Kultur in Köln. Seine Arbeiten gehören aber auch zu Sammlungen wie dem New Yorker Museum of Modern Art, dem J. Paul Getty Museum, Los Angeles, oder der National Gallery of Canada, Ottawa. Sanders Lebenswerk *Menschen des 20. Jahrhunderts* ist erst posthum, als Bearbeitung aus dem Nachlass, erschienen.

Sanders Einzelbilder sind gewiss immer auch im Zusammenhang seines Œuvres zu sehen, aber naturgemäß haben sich in den Jahrzehnten der Rezeption ganz bestimmte Favoriten ergeben. Für viele Liebhaber dieser meisterlichen Schwarz-Weiß-Aufnahmen sind Bauern-Fotos aus dem Westerwald die nachhaltigsten, von denen das berühmteste, »Die Jungbauern« (1914), inzwischen als ein Klassiker der Moderne gilt. Mir haben es besonders die Gesichter von alten lebenserfahrenen Westerwäldern angetan, die ausdrücklich z.B. den Titel »Der Philosoph«, »Die Philosophin« tragen. In Sanders Fotografien, so Hanns-Josef Ortheil 2008 anlässlich einer Ausstellung in der Kreisverwaltung Altenkirchen, trete nicht der besondere Moment, die unerwartete Geste, das erstaunliche Detail in Erscheinung, sondern die gehortete Zeit. Bei Betrachtung seiner Bilder begegne der Westerwälder plötzlich sich selber, seiner jahrhundertealten Absenz, seinem Leben in einer Landschaft fern von den großen Verkehrswegen und den überregionalen Debatten, dabei ohne jegliche Anbiederung an den Betrachter, eher sogar mit erkennbarer Abgrenzung: Bleiv mir vom Leib!

Doch das Auge des Künstlers hatte seinen Licht-Blick über den Westerwald hinaus auf ungezählte Menschen, auf unterschiedlichste Landschaften, auf Städte, Natur und Architektur gerichtet. Eines meiner Lieblingsbilder stellt drei junge Mädchen aus einer Arbeitersiedlung in Mechernich dar. An ihm lassen sich wesentliche Merkmale der Kunst Sanders festmachen, so jene frontale »Sachlichkeit«, die ihn eine »überzuckerte Photographie, mit Mätzchen, Posen und Effekten« verabscheuen ließ, was aber nicht bedeutete, auf eine inszenierte Bildkomposition zu verzichten, im Gegenteil. Eine überindividuelle Wirkung war für ihn nicht durch Schnappschüsse zu erzielen. Mädchen ohne Maske sehen den Fotografen und den Betrachter an – und sehen (um 1930) in eine ungewisse Zukunft: Das linke, sehr hübsche, blickt skeptisch, nein ängstlich drein, die Hände schützend vor dem Unterleib; die Mittlere misstrauisch, ja rebellisch, die Fäuste geballt, obwohl auch sie diszipliniert dasteht; die rechts Postierte, beherzt einen Schritt vorsetzend, steht bequem und macht einen wohlgemuten, frühmütterlichen, zupackenden Eindruck. Die Eltern haben den Kindern einen Bubikopf verpasst, aus dem neuen Selbstbewusstsein der Arbeiterschaft heraus. Nur kurze Zeit später lautete die Parole: »Deutsche Maid, sei gescheit: Nur ein Judenmädel trägt einen Bubischädel!«

August Sander: Bergmannskinder, um 1930

Man muss das Foto aber nicht historisch lesen. Drei Lebensgeschichten deuten sich an, deren Einzelheiten man jetzt, da man näher hingeschaut hat, zu gerne wüsste. Der ästhetische Kenner erfreut sich an dem Wechselspiel von Differenz und Gleichheit, von Hell und Dunkel, Stein und Baum, Wasser und Feuer, Erde und Himmel. Neben all den Sander-Portraits von Erwachsenen, die sich fertig zeigen in dem, was sie aus sich gemacht haben bzw. was aus ihnen gemacht worden ist, berührt mich dieses Jungmädchenblütenbild dank der physiognomischen Frische und Offenheit ungleich stärker, man kann es wieder und wieder betrachten auf der Suche nach der verlorenen Zeit, nach dem immer neu zu erfindenden Leben.

HF

Gisela Schmidt-Reuther
1915-2009
Keramikerin
Rengsdorf

Stehend, liegend, hängend brennen

Warum verschreibt sich ein Mensch der Kunst, und sogar lebenslang? Es wird wohl mit seinem Unsterblichkeitswahn zusammenhängen, mit der Illusion, das von ihm Geschaffene werde ihn überdauern. Gisela Schmidt-Reuther jedenfalls hat daraus keinen Hehl gemacht, ausdrücklich hat sie immer wieder darauf verwiesen, sie wolle mit ihren keramischen Kunstwerken Spuren hinterlassen.

Als ich sie, noch im vergangenen Jahrhundert, in ihrem Rengsdorfer Atelier besuchte, lagen die Werke des Dichters Gottfried Benn in handgreiflicher Nähe. Sie, die in jungen Jahren selbst Gedichte geschrieben hat und dann nie wieder, war durchaus neidisch auf die Dichter, ein Druckwerk, meinte sie, gerate doch in viel mehr Hände als ein Unikat plastischer Provenienz. Und sie sprach von den die Künste verbindenden Kategorien wie Form, Maß, Gestaltung, Sorgfalt, bevor sie die sinnlichen Konkreta ihrer eigenen kreativen Arbeit nannte: Feuer, Ton, Kupferoxyd, Glasur …

Wie fröhlich kam sie mir vor in ihrem beredten Klagen über den heutigen Kunstkonsum und den Kunstunverstand sogenannter Kunstrichter. Neben dem Existenzkummer, dass am Ende alles dahingehe, untergehe – da helfe kein SOS, es höre sie eh keiner, wie sie sich von Gottfried Benn trotzig zurufen lasse – ist es ihr ureigenes Dilemma, zwischen den Stühlen zu sitzen: Die Bildhauer sagten von ihrem Werk: Das ist ja bloß Ton, bloßes Kunstgewerbe! Die Keramiker riefen: Seht da, ein Bildhauer. Seit ihren

Anfängen hat sie gegen die Abwertung keramischer Plastik in der bildenden Kunst gekämpft – und, dies gilt es posthum festzuhalten, sich behauptet, ihren unverwechselbaren, ihren singulären Platz gefunden, über die nationalen Grenzen hinaus.

Geboren worden ist Gisela Schmidt-Reuther am 22. Oktober 1915 in Bad Sobernheim an der Nahe. Ihr Abitur machte sie 1934 in Neuwied, ließ sich danach in Höhr-Grenzhausen an der Keramischen Fachschule in Modellieren, Glasuren und Malerei ausbilden, ging 1936 an die Hochschule für Bildende Künste nach Frankfurt, 1937 nach Karlsruhe und 1940 nach Berlin, dank eines Stipendiums, das der jungen Künstlerin vom »Gau Moselland« gewährt wurde. Zu den großen Namen ihrer bildhauerischen Lehrer gehören Richard Scheibe, Paul Egon Schiffers und Georg Kolbe. Akademisch-figürliche Kunst stieß auch in der Hitlerzeit auf Zustimmung, da sie, realistisch und anatomisch »richtig«, dem »gesunden Volksempfinden« entsprach.

Nach dem Krieg kehrte sie in den Westerwald zurück, wo sie in Höhr-Grenzhausen einen Lehrauftrag erhielt, den sie 26 Jahre lang wahrnahm. 1947 heiratete sie den Volkswirt Hans Georg Schmidt. Zahlreiche Studienreisen führten sie quer durch Europa. 1957 zog sie nach Rengsdorf, wo sie bis zu ihrem Tod 2009 lebte und in ihrem Atelier arbeitete.

Immer wieder sprach sie bei meinen Besuchen von den Geistesmenschen, die sie beeindruckt haben, zu denen sie oft auch den unmittelbaren Kontakt gesucht hat, so zu Heinrich Böll und Ernst Jünger, und von einem Großen sprach sie besonders gern: Hugo Kükelhaus, diesem ganzheitlich tätigen Handwerker, Künstler und Philosophen, dessen aus Urformen entwickeltes Spielzeug sie mir in ihrem Hause vorführte. Sie zeigte mir auch ihre Skizzenbücher mit Hunderten von Entwürfen und kolorierten Zeichnungen, Motive von Innehaltenden, Wartenden auf der Straße, an Ampeln, in der Imbissbude, im Hörsaal, an der Reling, in der Arena, im Park, im Theater: eine Menschenfreundin, sagte ich mir, sie ist auf der Suche nach der verborgenen (verlorenen?) Harmonie.

Wer den Menschen angeschaut mit Augen, ist der Schönheit schon anheimgegeben – so könnte man in Abwandlung bekannter lyrischer Zeilen ihre Grundmotivation beschreiben. Doch genau dafür ist sie nicht selten etwa von Ausstellungsjuroren kritisiert worden. Ja, diese verkürzende Frage: Frau Schmidt-Reuther, wo bleibt das Negative? hat sie geschmerzt, dabei war sie weit davon entfernt, selbstbetrügerisch Niedliches, Idyllisches herzustellen; ihre fließenden Formen in Fläche und Raum sind eben Siege über Verzerrtes und Zerbrochenes. »Die Schönheit meiner heilen Figuren«, hat

Mädchenkopf, Rundplastik, 1947

Gärtnerin, Rundplastik, 1948

Rast im Freien, Hochrelief, 1977

145

sie mir einmal geschrieben »wo wird man sie noch je ansiedeln können, es gibt keine Tempel mehr, wo unsere Augen noch Feste zu feiern vermögen.«

Also gilt es genau hinzusehen: zum Beispiel (s. Abb.) auf diese Frauengruppe zu Tisch im Freien, die Flasche Wein verkörpert sich aus dem Tisch heraus, hier ist Gelassenheit, Gelöstheit, sind Menschen beieinander, Bäume, in geheimnisvoller Leichtigkeit spielen Volumenchiffren und Flächiges ineinander, geben ein Sein im Frieden weiter, so entstünden, sagte sie mir, schöne Dinge für Liebhaber, das Kunstwerk gehöre neben das Liebeslager, habe Benn gesagt. Und noch einmal, deutlicher: Die ganz eigene künstlerische Handschrift der Schmidt-Reuther zeigt sich in der spannenden Weise, wie sie das plastische Volumen ihrer Figuren in die Fläche zurücknimmt.

In gruppendynamischen Flachreliefs, in »Choreographien der Straße« wie dem »Hearing an der Mauer« von 1989, manchmal als Guckkästen, als Kleinbühnen gefertigt, kunsthistorisch angeregt auch von ägyptischen, persischen oder griechischen Vorbildern, rettet die keramische Schöpferin schattenhafte, physiognomisch anonym belassene Gestalten aus dem Amorphen in die soziale Zusammengehörigkeit. Und wer es weniger ästhetisch, sondern technisch erklärt haben will: Westerwälder Feinsteinzeugton, mit farbigen Engoben untermalte Feldspatglasur, Neutralbrand im Elektroofen, 1300°, zum Beispiel. »Wie leicht«, hat die Schmidt-Reuther einmal notiert, »hat es der Töpfer, der Seriengefäße dreht … Mein Problem ist, stehend, liegend, hängend brennen, nie eine Serie, stets verschiedene Scherben, dicke, dünne, hoch und niedrig brennen, stets neue Glasuren; und wie muss die Unikatform durchdacht und durchgefeilt werden.«

Über ein langes Leben hin, sie starb am 18. März 2009, 93-jährig, hat sie es unternommen, den für sie erreichbaren Zeitgenossen die Augen zu öffnen, zumeist in Menschenbildnissen, aber auch in Tiergestalt: Käfer, Insekten, Korallen; Lama, Ameisenbär, Pfau; Stelen zudem, Standbilder freier Formgebung, Gitterwerke: all dies findet sich im Keramikmuseum in Höhr-Grenzhausen, das so viele ihrer Werke aufbewahrt und ausstellt. Ihre Arbeiten finden sich des weiteren u.a. in Museen in Genf, Belgrad, Taipeh, ihren Nachlass besitzt das Germanische Nationalmuseum in Nürnberg.

So kommunikativ sie auch war, so erfolgreich sie ihren künstlerischen Widerstand leistete – immer wieder brachte sie im Gespräch ihr Verlassenheitsgefühl zum Ausdruck, in das der keramische Plastiker verbannt sei, wenn Formen für die meisten unlesbar bleiben. HF

Ewald Schnug
*1954
Agrarwissenschaftler
Altenkirchen

Der Captain Cook der Bodenkunde

Die einen wollen das Glitzern der Sonne auf Wellenkämmen malen oder Liebestragödien in ergreifende Sprache fassen. Die anderen wollen das Licht oder die physiologischen Vorgänge bei der Liebe beobachten, im Labor mit von ihnen entwickelten Instrumenten messen und analysieren. Deshalb werden sie Naturwissenschaftler aus Berufung, wie Ewald Schnug.

Das Kind wächst inmitten des großen Gärtnereibetriebes der Familie auf, es erlebt, wie Boden gedüngt und bepflanzt wird, wie Kulturpflanzen gehegt und geerntet werden – eine unvergängliche Erfahrung dessen, was wirklich zählt.

Mit dem Vater, einem leidenschaftlichen Jäger, streift Ewald durch die Felder und Wälder um sein Heimatstädtchen Altenkirchen und beobachtet die Tiere und Pflanzen in ihren Lebenswelten. Etwas genau in Augenschein nehmen – das ist die wichtigste Lehre in dieser Schule des konkreten Lebens, durch die das Kind geht. Aber auch Auseinandernehmen und Zusammenbauen liegt ihm: Der Junge ist von früh an ein begabter Tüftler. Der Perry-Rhodan-Fan baut sich Raumschiffe aus Plastik-Tortenhauben, rüstet sein Fahrrad mit Mikrofon und Lautsprechern aus und experimentiert mit explosiven Pflanzenschutzmitteln, lautstark.

Die reguläre Schule winkt er dagegen, mit Ausnahme seiner naturwissenschaftlichen Lieblingsfächer, bis zum Abitur durch. Dann aber stürzt

er sich sofort in eine sehr frühe Ehe, der im Lauf der Zeit drei Töchter ent-
springen, und in das Studium der Chemie, wissend, dass für das Verstehen der dünnen Kruste, auf der wir alle stehen und von der wir alle leben,
gründliche Kenntnisse der organischen, anorganischen und physikalischen
Chemie unverzichtbar sind. Danach widmet er sich ganz der Agrarwissen-
schaft, insbesondere der Bodenkunde und Pflanzenernährung.

Schon beim Studenten und später beim Hochschulassistenten Schnug
zeigt sich der unbestechliche Blick des Naturforschers auf die Phänomene.
In einer Zeit, in der das Sterben der Wälder auf den hohen Schwefelausstoß
der Kohlekraftwerke zurückgeführt wird, stellt er gegen die herrschende
Experten-Meinung den Schwefelmangel an der landwirtschaftlich wichtigen Rapspflanze fest, sichtbar an der weißen statt gelben Blüte.

Überhaupt Raps und Schwefel: das Kreuzblütengewächs und das Ele-
ment leuchten gelb als Leitsterne von Anfang an über dem Weg dieses Wis-
senschaftlers. In einem Genieblitz – angeblich nach einer durchzechten Nacht
– wird Schnug von der Idee ergriffen, anstelle der aufwändigen bisherigen
Methode den Gehalt an bitterem Senföl (Glucosinolat) in Raps einfacher
und billiger zu bestimmen. Er entwickelt ein patentiertes Verfahren, in dem
gemahlener und in Tabletten gepresster Rapssamen Röntgenstrahlen aus-
gesetzt wird. Dadurch wird ein kurzes Leuchten (Fluoreszenz) ausgelöst,
dessen Intensität den Gehalt an verschiedenen Elementen präzise widerspiegelt, wodurch der Glucosinolat-Anteil indirekt ermittelt werden kann.

In dieser ersten Phase als Lehrender und Forschender findet er in Silvia Haneklaus eine kongeniale Wissenschaftlerin, die seit Jahren auch seine Lebensgefährtin ist. Sie bilden auf ihrem Spezialgebiet eines der Paare,
von denen es berühmte Beispiele in der Wissenschaftsgeschichte gibt, und
können eine beeindruckende Liste gemeinsam publizierter Artikel in den
einschlägigen Fachzeitschriften vorweisen.

Rasch schreitet er auf seiner wissenschaftlichen Laufbahn bis zum
Hochschullehrer voran. Im Jahr 1982 promoviert er zum Dr. sc. agr. an der
landwirtschaftlichen Fakultät der Christian Albrechts Universität in Kiel,
wo er im Jahr 1989 auch habilitiert wird. Im Jahr 1992 erwirbt er den Titel
eines Dr. rer. nat. habil. an der naturwissenschaftlichen Fakultät der Technischen Universität Carolo-Wilhelmina in Braunschweig. Als Stipendiat der
Heisenberg Stiftung forscht er von 1990 bis 1992 in Newcastle upon Tyne und
Aberdeen. Seit 1992 leitet er das Institut für Pflanzenernährung und Bodenkunde der Bundesforschungsanstalt für Landwirtschaft in Braunschweig
und seit 2008 das Julius-Kühn-Institut für Kulturpflanzen in Braunschweig.

Seine Arbeiten werden prämiiert mit Wissenschaftspreisen und ausgezeichnet durch die Ehrendoktorwürde. Seit 2010 ist Ewald Schnug Präsident des *International Scientific Center of Fertilizers*, das weltweit älteste Konsortium, das sich ausschließlich Problemen der Düngung widmet.

Der exorbitante Forschungserfolg Schnugs gründet auf der Methode des weit ausgreifenden Denkens: »ex orbis« heißt, den Kreis des bisher Bekannten und Gewohnten mit überraschenden Einfällen zu überschreiten. So macht er noch als Student den kecken Vorschlag, zur Bodenextraktion (Feststellung von Nährstoffen) Coca-Cola zu verwenden. Heute ist die Coca-Cola-Methode weltweit als eine der einfachsten und zuverlässigsten Labortechniken der Bodenanalyse anerkannt. Weil eine Ackerfläche nicht eine monolithische Einheit ist, sondern sich aus kleinen Erdstücken (Pedon) zusammensetzt, die unterschiedlich fruchtbar sind und variable Düngereinbringung brauchen, setzt der visionäre Technikfreak 1988 als erster auf das brandneue GPS, um die Variabilität von Anbauflächen kartieren zu können. Und zu einem Zeitpunkt, als noch niemand die Gefahr erkennt, weist er hartnäckig auf die Vergiftung des Grundwassers durch Uran hin, das im Phosphatdünger enthalten ist. Schließlich wird 2010 der Grenzwert von Uran im Trinkwasser heruntergesetzt, um vor allem Säuglinge zu schützen.

»Die Entzauberung der Welt« sei eigentlich das Metier der Wissenschaft als Beruf, schrieb der scharfsinnige Denker Max Weber. Doch für genuine Naturforscher wie Ewald Schnug birgt die Lebenswelt den unzerstörbaren Zauber der Vielfalt, der heterogenen Fülle der Erscheinungen und ihrer verdeckt wirkenden Beziehungen, die es zu klären gilt. So hat er sich mit seinen Mitarbeitern seit einiger Zeit intensiv auf die Spur der Mistel gesetzt, die magische Pflanze der Kelten und ihrer Druiden. Ihr Wuchs an jungen Eichen wird untersucht und durch eine ausreichend hohe Manganversorgung im Boden gefördert, denn die heilende Wirkung der Mistel wird in der komplementären Krebstherapie genutzt. Immer wieder gelingt es dem charismatischen Agrarwissenschaftler Schnug, andere für seine Problemstellungen zu begeistern. Und die Erkenntnisse teilt er großzügig in seinem internationalen Netzwerk, das sogar bis nach Ägypten und China reicht, wohin er häufig reist.

Ebenso, wie er fasziniert ist von den Vorgängen in Böden, die sich in der Erdgeschichte entwickelten, ist er auch angezogen von Gebäuden und Orten, in denen die menschliche Geschichte verdichtet ist. Mit Enthusiasmus und Beharrlichkeit erwirbt und restauriert er in Goslar, der Weltkulturerbestadt, eines der ältesten Gebäude. Das Ergebnis ist ein weitläufiges

Das »Obere Wasserloch« in Goslar, heute die »Glucsburgh«

Bauwerk, dessen technische und ästhetische Vielschichtigkeit die Persönlichkeit des Bauherrn widerspiegelt. Er nennt es hintersinnig »Glucsburgh«. In diesem Domizil lebt Schnug seine legendäre Gastfreundschaft aus und feiert üppige Feste mit Freunden und Kollegen aus aller Welt.

Seit seiner Forschungstätigkeit in Nordengland hat er auch die alte geschichtssatte Hafenstadt Whitby in Nord-Yorkshire neben dem Westerwald und Goslar als eine Art von Heimat adoptiert und zieht sich dorthin zurück, um seine Bücher oder Artikel zu schreiben. Das -by im Ortsnamen verweist auf die frühe Gründung durch Nordländer. Das passt zu Schnug. Die ZEIT schrieb einmal über ihn: *»Der Mann, ein Riese mit rötlichem Vollbart«* wirke wie der *»Kapitän eines Wikingerschiffs«*. Dabei ist er gar nicht so groß, lässt aber durch sein normannisch-kantiges Erscheinungsbild und sein unkonventionelles, einvernehmendes Wesen das Gegenüber ein wenig schrumpfen.

Von Whitby aus stach einst James Cook in See, um die Wasserwelt unserer Erde zu befahren und zu kartografieren. In Anlehnung an diesen Entdecker kann man Ewald Schnug als den »James Cook der Bodenkunde« bezeichnen. Er ist immer noch auf großer Fahrt. CG

Leo Sternberg
1876-1937
Jurist und Schriftsteller
Wallmerod

Richter und Dichter

Ein kafkaeskes Leben! Wie der große Erzähler aus Prag ringt der junge Leo Sternberg mit den Belastungen seiner Herkunft und dem inneren Antrieb zum dichterischen Schreiben. Wie Franz Kafka könnte auch er einen »Brief an den Vater« schreiben. Die Biografie des Amtsrichters und Dichters Leo Sternberg ist beispielhaft für das Leben begabter Söhne jüdischer Familien.

Er wird am 7. Oktober 1876 in Limburg geboren. Seine Mutter kommt aus einer Familie von Pferdehändlern in der Pfalz, sein Vater ist Holzhändler aus dem Westerwald. Eng und dunkel ist das Leben des kleinen Leo – räumlich und geistig – in einem Haus, das Wohn- und Geschäftsräume unter einem Dach vereint. Es gibt keine Bücher in dieser Welt des Krämergeistes außer denen der jüdischen Religion, auf die sich das kluge, phantasievolle Kind stürzt unter Anleitung des Großvaters. Folglich ist der erste Berufswunsch, Rabbi zu werden, was der ungeistige Vater ablehnt: Er schlägt ihm das Andachtsbuch aus der Hand, weil ihn das ganze Gebete stört.

Der träumerische Einzelgänger, der sich unbehaglich unter den Altersgenossen fühlt, beginnt früh zu schreiben. In ein blaues Heft trägt er seine Gedanken, Geschichten und Gedichte ein. Als der Vater dieses Heft entdeckt, schleudert er es zornig in den Ofen. Da aber stellt sich Leos Mutter, ungebildet zwar, doch die Besonderheit des Siebzehnjährigen fühlend, ein-

151

mal an seine Seite und verteidigt ihn gegen den Ehemann. Das wird ihr der Sohn ein Leben lang nicht vergessen.

Mühsam setzt Leo Sternberg mit Unterstützung der Mutter das Recht auf ein Studium durch. Der Vater lehnt erst die Theologie, dann die Philosophie kategorisch ab. Schließlich entscheidet sich der Sohn für Jura. Ein Drittel aller jüdischer Studenten wählt damals diesen Studiengang, er führt bis heute zu einem typischen Aufsteigerberuf für Randgruppen in westlichen Gesellschaften, aber für Leo Sternberg ist es nicht das richtige. Ein Leben lang wird er zerrissen sein zwischen seiner inneren Berufung zum Dichter und den Anforderungen des normierenden, klassifizierenden Denkens in seinem Brotberuf. Immer wieder kränkelt er, wobei unklar bleibt, ob er wirklich leidet oder sich in Krankheit flüchtet, um dichten zu können.

Die juristische Ausbildung, die an kleinen Gerichten im Umkreis Wiesbadens stattfindet, führt ihn 1906 in den Westerwald, nach Hachenburg. Doch erst, als er 1910 seine erste feste Stelle als Richter in Wallmerod bekommt, wird er mit der teils lieblichen, teils herben Landschaft und der bäuerlichen Lebenswelt vertraut und entdeckt für sich die herausragenden, oft überregional wenig beachteten Kulturdenkmäler wie das Schloss Friedewald oder die Abtei Marienstatt. Mit dem Priester Gilbert Wellstein des Zisterzienserklosters dort begründet er eine lebenslange Freundschaft, ihm schickt er alle seine neuen Artikel und Bücher. Inzwischen hat er sich nämlich der jüdischen Religion entfremdet und fühlt sich konfessionell ungebunden, vielleicht auch, weil er dem latenten und offenen Antisemitismus der Wilhelminischen Gesellschaft entkommen will. So wehren sich zum Beispiel die alteingesessenen Weinberg- und Hausbesitzer Mönch, Eltern von Else, die er während seiner Zeit als Assessor in Rüdesheim kennen lernte und später heiratet, lange gegen die Ehe mit einem Juden.

Hier in Wallmerod an einem sehr kleinen Amtsgericht hat er die Zeit, an seinem Stil zu feilen. Neigten seine Gedichte zuvor zu Schwulst und Pathos, strafft sich nun seine Ausdrucksweise. Er kann jetzt einen Text wie »Du schöner Lärm des Lebens« in der »Aktion« veröffentlichen, dem avantgardistischen Literaturmagazin, das auch linke Politliteraten, junge Expressionisten wie Gottfried Benn und Dadaisten abdruckt.

Im Auftrag des »Westerwald-Vereins« gibt Leo Sternberg 1911 den Sammelband »Der Westerwald« heraus, für den er selbst, aber auch anerkannte Kulturwissenschaftler und Künstler Beiträge liefern. In dem einleitenden Essay »Die geistige Kultur des Westerwaldes« versucht Sternberg, sich mit seinem ganzen Wesen die landschaftliche Schönheit des vergessenen Winkels zu erschließen, den meisten damals nur bekannt durch das aus vielen Soldatenkehlen gegrölte Marschlied. Wie er den einsamen, von wenigen Straßen durchzogenen Oberwesterwald metaphorisch mit afrikanischen Wüsten verbindet, so verknüpft er auch den großen Barockmaler Rubens mit Dillenburg, reklamiert Teile des »Werther« für die Gegend

Die erste Seite des Buches »Der Westerwald«

nördlich der Lahn und lässt den »Egmont« Goethes durchs Nassauer Land reiten. Und in den Portaltürmen der alten Wehrkirchen von Kroppach oder Meudt sieht er die Wiederkehr der *»zinnenbekrönten Kirchen der Normandie, der Flamen oder des Early-English«*. Die Botschaft ist deutlich: Im Westerwald spiegelt sich Europa!

Der Erste Weltkrieg bricht aus, und der gute Deutsche Sternberg stellt sich an die Seite des Kaisers und seiner Armee. Wie viele Schriftsteller, darunter beschämenderweise die besten, verfasst auch Sternberg peinliche Texte: *»… das heilige Heer, das gegen Horden von ruchlosen Völkern ficht …«* Aber ätzende Polemik und Hass-Litaneien gegen den Feind ist seinem Wesen fremd.

In der Weimarer Republik erlangt Sternberg – nun als Richter in Rüdesheim lebend – über die Region hinaus immer mehr Anerkennung. Endlich ist er in der literarischen Welt angekommen, was daran abgelesen werden kann, dass seine Werke in wichtigen Literaturzeitschriften rezensiert werden. Unermüdlich veröffentlicht er Gedichte, Erzählungen, Dramen und Essays. Im Weltkrieg ist sein Bruder Robert gefallen, und in den revolutionären Wirren der deutschen Revolution kommt sein Schwager Walter Mönch ums Leben, doch Sternberg beschäftigt sich in seinem Werk kaum mit der aktuellen Geschichte und Politik. Stattdessen geht es darin oft um Harmonie, Frieden und Versöhnung durch die alles verschmelzende europäische Kultur – das ist ein Grundmotiv dieses im Umgang mit anderen so verschlossenen Mannes.

Als die Nazis an die Macht kommen, beginnt für Sternberg die dunkelste Zeit. Zwar lässt er sich 1933 noch von Priester Wellstein in Marienstatt taufen und nennt sich danach Leo Maria Sternberg. Aber auch das hilft nichts. Er wird seines Amtes enthoben, die Pension wird gekürzt, schließlich darf er nicht mehr publizieren. Damit wird sein Lebensnerv getroffen. Eine Zeitlang kämpft er noch, versucht sich als national zuverlässiger Autor den Nazis anzudienen, ohne seine Selbstachtung zu verlieren. Dann resigniert er, weigert sich aber, Deutschland zu verlassen.

Im Jahre 1937 reist er – körperlich und seelisch schwer angeschlagen – auf die Insel Hvar im Adriatischen Meer. Er scheint einen Auftrag von der jugoslawischen Regierung erhalten zu haben, einen Roman über den Kaiser Diokletian zu schreiben. Am 26. September stirbt er dort in einem Hotelzimmer. Seine letzten Worte sind: »*Es muss so oder so zu Ende gehen, es ist zu qualvoll.*«

Die begabten Kinder jüdischer Familien wie ein Leo Sternberg schlossen sich mit ganzer Seele an die verehrte deutsche Kultur an, sie assimilierten sich bis zur Selbstverleugnung an die preußisch-wilhelminische Gesellschaft und stießen doch immer an eine unsichtbare Mauer. Schließlich wurden sie im Nationalsozialismus, während ihre Nachbarn wegsahen, endgültig vertrieben oder gemordet.

Hätte die Mehrheit der Deutschen nur je gefühlt, welche Liebe zur ihrer Heimat und Sprache sie missachtet und zurückgewiesen haben – wäre die Geschichte anders verlaufen? CG

Hoher Westerwald
von Leo Sternberg

Im Schneewasser badet die Goldammer dort
und trocknet sich lang auf dem Block von Basalt,
wo die kohlschwarze Flechte, die blättrige, dorrt;
wo die Schneewächte hohl den zerfressenen Bord
der eisigen Wildwasser immer umschalt.

(…)

Gewölk raucht über den Berg - jetzt kommst du hinein,
wo der Graurabe neben dir geht auf der Heide, binsenbebuscht.
Dein härener Hut und Mantel bereifen sich fein.
Wacholder gespenstert vorbei; schon hörst du den Falk nicht mehr schrein.
Schneeböen wirbeln und die Holle huscht …

Thomas Stum
1964-2014
Wanderschäfer
Malberg

Und ob ich schon wanderte

**Wir hatten uns hier vor Ort daran gewöhnt, dass sie zum modernen Westerwäl-
der Landschaftsbild offenbar dazugehören, neben mehr und mehr Windrädern
und schweren Lastkraftwagen: die Schafherden des Thomas Stum. Dann ist er,
im Erscheinungsjahr dieses Buches, einen modernen Tod gestorben, bei einem
Autounfall. Spätabends auf der B 49 von Limburg kommend, als er einen repa-
rierten Traktor heimfahren wollte, fuhr ein Kleintransporter, ein sogenannter
Sprinter, auf die Zugmaschine auf …**

Er ist der Jüngste in dieser Sammlung und repräsentiert doch eines der
ältesten Gewerbe der Welt, etwas Archaisches schwingt mit beim Anblick
des Hirten, etwas vom Immer-schon-und-ach-noch-Heute, Alternatives,
Nomadisches, Naturhaftes unter freiem Himmel. Na gut, das weiß man
ja: der Wanderschäfer ist nicht der auf seinen Stab gestützte, den Tag auf
grünen Auen im Stehen und Gehen verträumende Hutmensch, umblökt
von süßen Lämmlein – das ist auch Thomas Stum nicht gewesen –, sondern ein Wind und Wetter, Marktzwängen und EU-Richtlinien unterwor-
fener Schafhalter, der am Ende seine Ware verkaufen will, vor allem das
Fleisch, obwohl ihm die Konkurrenz aus Neuseeland zu schaffen macht,
und die Schurwolle, die freilich nur noch einen geringen Erlös abwirft. Mit
der idyllischen Romantik räumen sie alle auf, die vielen Journalisten, die
den Wanderschäfer Stum, die den Dicken und seine dünnen Kollegen por-

trätiert haben, immer wieder beschwören sie die harte Realität bis hin zu den Schneestürmen zwischen Sieg und Wied. Und Thomas Stum hat selbst stets entzaubernden Klartext gesprochen …

Ich aber mag ihm da im Letzten nicht folgen, mag mich nicht lösen von diesem romantischen Bild, romantisch in einem tieferen Sinne, denn wieviel Tierliebe, wieviel Idealismus macht ein solches Leben sichtbar, eine authentische Einheitswahrheit von Mensch und Natur, zu der auch der täglich nahe Tod gehört. Vielleicht ist es auch das Wesen des Sonderlings, das mich reizt, das Individuum, das aus der Menge hervorragt, der Hirte, der etwas von der Verlorenheit weiß, von der Fremde, dem Unterwegssein, vom Heraus aus der Finsternis.

Bei allen desillusionierenden Hinweisen auf die Unbilden der Witterung, besonders in schneereichen Wintern, auf die ruinöse Blauzungenkrankheit, die unaufhörliche Klauenpflege, den bürokratischen Ärger wegen der zweiten Ohrmarke, den Verlust unglücklich verendeter Lämmer, die Konflikte mit Jägern und Hundehaltern, auf gefährliche Passagen über Schienen und Schnellstraßen: für mich, den Außenstehenden, bleibt es allemal ein schöner Anblick. Einmal habe ich ihn bei Hilgenroth gesehen, zu der einen Seite der Kirchturm des Dorfes, zur anderen wallte die Schafprozession dahin, vorneweg der gute Hirte, im klassischen Look, gehüllt in seinen langen Umhang, auf dem Kopf der breitkrempige Filzhut; ein andermal, bei Rodenbach, stürmte die nicht enden wollende Herde einen Waldhang hinab, zwängte sich über eine schmale Furt, und Stum rief mir zu, der ich still bewundernd abseits stand: Gehen Sie ruhig hindurch, die beißen nicht.

Am 3. November 1964 in Waldbröl geboren, wuchs Thomas Stum in Wiehl-Bruch auf. Die Eltern hatten mit den Schafen nichts am Hut, sein Vater war Dreher, aber schon früh drehte Thomas sein eigenes Ding, lief mit den Schäfern in der Umgebung mit und bekam als 12-Jähriger sein eigenes Schaf, Anke, das erste Mutterschaf einer ersten kleinen Herde, die er nach der Schule hütete. Gegen den Willen des Vaters begann er eine Lehre in der Landwirtschaft, war dann eine Zeitlang auswärts tätig als Schäfer in Frankfurt, Köln und auch schon im Westerwald, bis er schließlich mit 21 Jahren Herde und Sommerweide des ihm von Kindesbeinen an vertrauten Schäfers im heimatlichen Wiehl übernahm. Doch bei aller Leidenschaft für die Schafe: wenn er von der Schäferei leben wollte, musste er die Sache professioneller angehen, also weit mehr als die anfänglichen 182 Tiere anschaffen, außerdem Traktor und Ställe. Und er lernte Anne Panthel kennen, sie heirateten, Sohn und Tochter kamen zur Welt. 1995 zog die Familie nach

Rosenheim, wo er die Schäferei Enders übernehmen konnte, samt 100 Hektar Weideland, und bald in ein eigenes Haus in Malberg zog.

Seither war er eine markante Figur im öffentlichen Leben des Westerwalds, jeweils ein halbes Jahr, über den Winter hin, auf Wanderschaft, auf der Walz, mit oft weit über tausend Schafen, im Frühjahr zusätzlich mit vierhundert Lämmern, begleitet von einem Lehrjungen und den Hunden: eine Autorität, ein Original, ein auch von der Statur her gewichtiger Mann, der von sich selbst sagte: »Es ist schwer abzunehmen, wenn man nur aus Muskeln, Samensträngen und Gehirn besteht.« Da kokettierte er mit dem alten Klischee vom vitalen Naturburschen, immer zu einem Schäferstündchen außerhalb der dörflichen Enge bereit …

Ja, er war dickköpfig, hielt mit seiner Meinung nicht hinter dem Berg. Die er auch kundtat in Fernsehfilmen, in Zeitungs- und Rundfunkinterviews. Der Regisseur Thomas Diehl hat über ihn gar einen Dokumentarfilm mit Kinolänge gedreht, »Das Hirtenjahr«, Untertitel: »Lam(m)entieren is nich«. Schäfermeister Stum war nicht auf den Mund gefallen, vertrat offensiv seinen Berufsstand, etwa im Vorstand des Landesverbands der Schafhalter oder bei der Landwirtschaftskammer in RLP; besonders engagierte er sich für den Erhalt der Altdeutschen Hütehunde, speziell des robusten Harzer Fuchs-Typs mit langstockhaarigem Fell. Er selbst, ein Rauhbein, von harter Schale, wettergegerbt, – doch wie komplizenhaft zärtlich ging er daheim mit seiner Lieblingsziege Lille

Thomas Stum auf der Walz

um, im häuslichen Stall, wo Lämmchen mit der Flasche aufgezogen werden, z. B. wenn ein Mutterschaf ein Zwillingslamm verstoßen hat, und er selber nicht selten Geburtshelfer war: Aus dem Konzert seiner Herde weiß der gute Hirte das klagende Meckern eines trächtigen Schafes herauszuhören, um dann einzugreifen und das Lamm aus seiner gefährlichen Steißlage heraus in die Welt zu setzen.

In den alten Zeiten zogen die Wanderschäfer mit dem Karren, einer blechbeschlagenen Hütte auf zwei Rädern, über Land, als Außenseiter beargwöhnt, und doch immer auch gefragt als kräuterkundige Tierheiler; heute, jedenfalls im Westerwald, haben sie ihren festen Wohnsitz, den sie allabendlich aufsuchen, die Herde ist hinter dem Elektrozaun wohlverwahrt eingepfercht. Mit dem Wechsel von der Woll- zur Fleischproduktion erwiesen sich die Rassen des Merino- und des Schwarzkopfschafs als die geeignetsten; doch ohne EU-Fördergelder für Landschaftspflege kommt der selbständige Schäfer finanziell auf keinen grünen Zweig: der moderne Schäfer als Naturschützer, als *Landpfleger*.

Nicht ungern gewähren daher die Landwirte die Beweidung durch die Schafherden; immerhin fressen die Schafe die Grasspitzen vom Schneeschimmel frei und entsorgen das »Unkraut«, treten den Boden fest und hinterlassen Dung. Schafehüten: weit, weit mehr als den Tieren beim Fressen zuschauen, es gilt, sie »auf rechter Straße« zu führen, zu den richtigen Weiden. Die fremden Weiden, hat Thomas Stum in einem Interview gesagt, wolle er stets ordnungsgemäß hinterlassen, »du bist nur geduldeter Gast auf diesen Flächen«. Diese Aussage – ein vorzeitiger Tod gibt letzten Worten immer eine tiefere Bedeutung – erinnert an Goethes »Und so lang du das nicht hast, dieses Stirb und Werde, bist du nur ein trüber Gast auf der dunklen Erde.« Nein, Thomas Stum war kein trüber Gast, er hatte *das*; wo er und sein Schafsvolk herliefen, wurde es hell.

Am 27. Januar 2014 hat Thomas Stum sein Leben lassen müssen, 49 Jahre alt, davon über dreißig als Schafhirte. Wenige Tage nach seinem Tod starb auch Lille.   HF

Clemens Wilmenrod
1906-1967
Schauspieler und Koch
Willmenrod

Der Bundesfeinschmecker

Seine berühmteste, man könnte auch sagen, berüchtigste Kreation ist der »Toast Hawaii«, ein Gebilde, das jeder Idee von Haute Cuisine Hohn spricht: Eine Scheibe Toastbrot, darauf eine Scheibe gekochten Schinken, die von einer Scheibe Käse bedeckt wird, nun – welch Einfall! – ein Ring Dosen-Ananas, gekrönt von einer Cocktailkirsche, und ab in den Backofen!

Gerade hatte das sogenannte Wirtschaftswunder begonnen, und man wollte sich endlich wieder etwas gönnen. Mit feinem Gespür für die Bedürfnisse seiner Zuschauer hatte der erste deutsche Fernsehkoch Wilmenrod mit der Ananas und dem Namen der fernen Insel die Sehnsucht nach Exotik und Reisen bedient. Auf Abertausenden von Partys gehörte der Toast Hawai als Zeichen der neuen Weltoffenheit dazu.

Zur Welt kommt Carl Clemens Hahn am 24. Juli 1906 als Sohn eines Müllers im Westerwald-Dorf Willmenrod, dessen Namen er sich später als Pseudonym ausleiht. Schon früh sagen die Dorfbewohner zu dem lebendigen Bürschchen, das sich zu Höherem berufen fühlt: *»Clemens, dau bess en Weltfuchel (= Weltvogel)«!* Zunächst versucht er Pianist zu werden, aber die musikalische Begabung reicht nicht aus. Dann begeistert er sich fürs Theater, lässt sich als Schauspieler bei Louise Dumont in Düsseldorf ausbilden und begibt sich auf die Ochsentour durch die Provinzbühnen, bis er schließlich als Nebendarsteller in Hamburg landet. Auf der Suche nach einem Job bewirbt sich Wilmenrod mit der Idee einer Kochsendung beim Intendanten des Riesensenders NWDR und wird sofort engagiert. Sein Debüt hat er am 20.2.1953 um 21.30 Uhr mit Fruchtsaft im Glas, italienischem Omelett, Kalbsniere gebraten mit Mischgemüse aus Konserven, als Abschluss Mokka.

Die Gerichte, die Wilmenrod vor der Live-Kamera in 10 Minuten kocht, sind sehr einfach in den Zutaten – zum Beispiel liebt er das Ketchup, das

Gefüllte Erdbeeren - eine von Wilmenrods Kreationen.

inzwischen durch die amerikanischen Besatzersoldaten in die deutsche Küche eingedrungen ist. Wilmenrod verwendet auch gern Konserven, denn er vertritt ja die Express-Küche. Außerdem sind die Deutschen an Konserven gewöhnt. Bis weit in die 70er Jahre horten Hausfrauen aufgrund ihrer Kriegserfahrungen zwanghaft Berge von konservierten Nahrungsmitteln in Kleiderschränken und Speisekammern.

Nicht seine Gerichte sind einfallsreich, sondern die exotischen Namen, die er seinen Speisen gibt. Mit ihnen bedient er die Gefühle und Träume seiner Zuschauer. So heißt ein Rezept etwa »Arabisches Reiterfleisch«, das Phantasien vom geheimnisvollen Orient auslöst, hinter dem sich aber nichts anderes als die altbekannte Bulette verbirgt, aufgepeppt mit Paprikapulver. Oder der »Venezianische Weihnachtsschmaus«, dessen Grundlage ein paniertes Schnitzel darstellt. Der Name aber verbindet das gefühlsselige Fest mit Italien, dem ersehnten Land der Deutschen nach dem Krieg, in das man sich mit

dem VW-Käfer über die Alpenpässe quält, mit 30 PS und hochbeladenem Dachgepäckträger.

Toast Hawaii ist eine der bekanntesten Erfindungen des Fernsehkochs Wilmenrod.

160

Noch anziehender als seine Rezepterfindungen oder gar seine bescheidenen Kochkünste sind für seine vorwiegend weiblichen Fans die charmanten Geschichtchen, mit denen Wilmenrod seine Zubereitungen würzte. Während er einen Salat anmacht, erzählt er: »*Auf Mallorca komponierte ich 1951 in einem Bungalow einen Salat. Dort stand eine glutäugige Schöne. Sie sah mir tief in die Augen und hauchte: ›Der Salat war wundervoll, Don Clemente.‹*«

Clemens Wilmenrod gehört in eine Zeit, in der die Reklame den mageren Gestalten der Mangelzeit als Leitfiguren wohlgenährte, Zigarre rauchende Männer mit graumelierten Schläfen im dreiteiligen Anzug entgegenstellt, der Typus des Macho-Chefs, in den sich die junge Sekretärin verliebt. Genauso inszeniert sich der erste Fernsehkoch als Frauenliebling und Bonvivant mit schmalem Oberlippenbärtchen – ein verführerisches Körpersignal, benannt nach dem französischen Schauspieler Menjou und später von Clark Gable in dem Film »Vom Winde verweht« berühmt gemacht. Der Karikaturist Mirko Szewczuk hatte in einer plötzlichen Eingebung auf Wilmenrods Kochschürze sein stilisiertes rundes Gesicht mit eben dieser bleistiftdünnen Bartzierde gezeichnet, das von nun an sein Markenzeichen wird.

»*Bitte, in zehn Minuten zu Tisch*« ist in den Kinderjahren des deutschen Fernsehens mit nur einem Kanal die beliebteste Sendung neben »Familie Schölermann«: 70 bis 80 % der Zuschauer sahen zu. In einem Prominentenrestaurant in Kiel trägt er sich selbstbewusst ins Gästebuch ein: »*Bundesfeinschmecker Clemens Wilmenrod*«. Kurz zuvor hatte sich dort ein Bundeskanzler namens Adenauer verewigt, gelegentlich eines CDU-Parteitages.

TV-Expresskoch Wilmenrod ist der Vorläufer der vielen heutigen Koch-Entertainer. Und er entwickelt Methoden, mit seiner Bildschirmpröminenz Geld zu verdienen, die sehr modern anmuten: Product Placement und Merchandising. Er hält einen Patentbrater namens »Heinzelkoch« und ein Zerkleinerungsgerät namens »Schneidboy« in die Kamera, gegen einen Obolus selbstverständlich. Er setzt die Pute als Weihnachtsbraten gegen die Gans durch, wofür ihn ein Geflügelgroßhändler aus dem Oldenburgischen belohnt. Er schreibt Rezeptbücher wie »Es liegt mir auf der Zunge«,

Wilmenrods Rezeptbücher »Es liegt mir auf der Zunge« und »Clemens Wilmenrod bittet zu Tisch«.

161

die sofort Bestseller werden. Und viele deutsche Männer müssen sich widerstrebend nach Geburtstagen die Kochschürze mit seinem Konterfei um den Bauch binden.

Trotz seiner Bekanntheit und seiner Selbstdarstellung als weitgereister Gourmet verliert er die Bindung an den Westerwald nie, wie alte Schulfreunde bezeugen. Bei seinen Auftritten sitzt das halbe Dorf in der Kneipe vorm Fernseher. Trifft er einen Dörfler aus seinem Geburtsort, besinnt er sich auf seinen heimatlichen Dialekt und fragt: »*Wat gebt edd dann Naues en Willmenrod?*«

Sein Abstieg beginnt, als er in der Presse angegriffen wird wegen der Schleichwerbung in seiner Sendung und wegen der Zuwendungen aus der Haushaltswarenindustrie.

In dem TV-Film »Es liegt mir auf der Zunge« (2008) erweckt der Schauspieler J. J. Liefers den Urvater der heutigen Kochshows wieder zum Leben.

Zunächst wird die Kochshow ab September 1957 nur noch einmal pro Monat gesendet, Anfang 1958 sogar in den Nachmittag verschoben. Die Art seines Auftretens und seines Kochstils mit sättigenden Gerichten hat sich überlebt. Professionelle Köche propagieren nun die leichte Mittelmeerküche mit kaltgepresstem Olivenöl, frischen Kräutern und Gemüse der Saison. Das Wirtschaftswunder ist zu Ende, Diäten sind gefragt. Am 16. Mai 1964 erscheint Clemens Wilmenrod das letzte Mal im Fernsehen nach 185 Sendungen.

Nur drei Jahre später tötet er sich in einer Wiesbadener Klinik, als feststeht, dass er an Lungenkrebs erkrankt ist. In den letzten Tagen des Zweiten Weltkriegs wurde ihm durchs Ohr geschossen, »*da kann man eine Zigarette durchstecken*«, sagte er oft. Diesmal schießt er selbst auf sich mit einer eingeschmuggelten Pistole und trifft dramatisch, männlich und genau, – eben fernsehgerecht. CG

Erwin Wortelkamp
*1938
Bildhauer und Maler
Hasselbach

Vielleicht ein LebensKünstler

Weist die umseitig wiedergegebene Skulptur nicht sinnfällig auf Eigenheiten ihres Urhebers hin? Erdhaft »schwedenrot« gefärbtes Kerbholz, dessen zugespitzt Ausgeschnittenes auf eine Ganzheit zielt und doch so sein will, wie es ist: standhafte Kunst mit Biss, Säge-Werk, kantig, auf zack, Eröffnung, Entdeckung, Entbergung visualisierend.

Und lässt das Baum-Stück, 1999 geschaffen, als Majuskel heute nicht auch an das €-Zeichen denken, damals also buchstäblich avant la lettre? Wortelkamp hat nie einen Hehl daraus gemacht, dass im Zusammenhang der Wertschätzung von Kunst durchaus von Geld die Rede sein darf, ja sein muss. »Jeder möge sich selbst fragen, für wie viel Geld er bisher von einem freischaffenden Künstler Kunst erworben hat.«

Geboren wird er als Wirtshaussohn am 21. September 1938 in Hamm an der Sieg im selben Haus, der heutigen »Alten Vogtei«, wo auch Raiffeisen das Licht der Welt erblickte, wie neuere Forschung ergeben hat. Die Mutter stammt aus der örtlichen Fleischer- und Viehhändlerfamilie Hermes, der Vater, Konditormeister aus dem Rheinland, stirbt früh. Nach der zisterziensischen Internatszeit in Marienstatt – schon in Schülertagen beeindruckt von Barlach, Lehmbruck, Brancusi und Giacometti –, nach dem Abitur in Montabaur und dem Studium an der Akademie für Bildende Künste in München wird er Kunsterzieher in Frankenthal, heiratet eine Winzerstochter, leitet

Skulptur Dresdner Rote, Holz, Farbe (1999)

nahebei in Beindersheim von 1969 bis 1973 »Deutschlands munterste Galerie« *atelier nw 8*, geht dann als Dozent nach Freiburg und zieht 1975 (mit seiner Frau Ulla und den Kindern Kim und Isa) zurück in den Westerwald, wo er im Dörfchen Hasselbach das alte Schulhaus erworben hat.

In seinem kunstmissionarisch übervollen Herzen trägt er sich mit dem großen Gedanken, von zehn international anerkannten Künstlern im gesamten geographischen Westerwald an bekannten und auch unbekannten Orten Skulpturen zu erstellen. Diese Idee – wie auch das spätere Projekt *Kunst auf der Höhe*, eine Skulpturen-Straße von Montabaur nach Herschbach – scheitert schließlich aus politischen Gründen; Wortelkamp bewahrt sich aus solchen Erfahrungen seinen kreativen Zorn. Eine andere Idee wird nun aber Wirklichkeit: 1986 wird in Hasselbach gleich neben dem Schulhaus die Skulpturen-Anlage *im Tal* begründet, wo seither inmitten von Wald, Wiesen und Äckern ein Areal mit Werken unterschiedlichster Künstler weiterentwickelt wird, seit 2006 als Stiftung. Hervorzuheben ist das ins Tal integrierte kleine August-Sander-Museum, die erste und bisher einzige Architektur, die für diesen Großen gebaut wurde, womit ein Lebenswunsch Sanders posthum in Erfüllung ging.

Zweiter Wohnsitz Wortelkamps ist seit 1986, bemerkenswert zeitgleich mit der Gründung *im Tal*, das italienische Bergdorf (und doch geprägt von ganz eigener Stadtgestalt) Acquaviva Picena. Die Entscheidung für diesen mediterranen Ort geschah völlig spontan, innerhalb weniger Stunden. Gleich zu Beginn hat er im Dorf von sich reden gemacht, als er die überlebens-»große Blaue (für Ulla)« vor die mittelalterliche Kapelle stellt, insgesamt 25 Skulpturen herbeischafft und hier testweise für einige Wochen »verortet«, um zu überprüfen, ob in diesem altstädtischen Umraum das herausfordernd Dialogische seines bildnerischen Werks zur Geltung komme, ja eine geheime Stimmigkeit sich offenbare. Und wirklich erschließt sich ihm in Acquaviva die ihn fortan leitende künstlerische Maxime: »Skulpturen suchen und finden ihren Ort.« Seither entstehen hier indes Papierarbeiten, gemacht ohne Pinsel, farbige »südliche« Gestaltungen mit Walze, Messer, Spachtel, schüttend, schwenkend, wischend. Seine Werke sind oft unterwegs; den Künstler selbst haben inspirierende Reisen nach Indonesien, Hongkong, Bali und Jakarta, nach Jütland und auf die Färöer geführt, zuletzt nach Afrika, überall vom Genius loci zum Schaffen an Ort und Stelle angeregt.

Geeignete Stand-Orte und Schau-Plätze für Wortelkamps Liegende, Stehende und Angelehnte können Brücken, Plätze, Höfe, Gärten sein, wie

Für Hans von Marées, Arbeit auf Papier. Acquaviva 2010, 70 x 100 cm

auch Konzerthalle, Staatskanzlei, Ministerium, Bank, Kirche, Schule, Kloster, Schloss, Krematorium. In eigenwilligem Sinn ist Wortelkamp der nach 1968 verkündete »lange Marsch durch die Institutionen« geglückt. In den künstlerischen Anfängen war er noch der Illusion erlegen, Kunst als öffentliche Agitation und Form des Widerstands könne auf der Stelle etwas ändern an sozialen Missständen. Aber schon damals rücken für ihn autonome Formprozesse in den Vordergrund, im ideellen Umzugsgepäck von der Pfalz in den Westerwald befindet sich die Skulptur »Vielleicht ein Baum«, aus geschweißten Eisenblechen 1976 realisiert und später oben ins Tal platziert, eine Arbeit, die Wortelkamp in seiner »Eisenzeit« um die Werkgruppe »Vielleicht ein Blatt« ergänzt. Aus dieser Zeit stammt auch, in gesellschaftspolitischer und gestalterischer Kontinuität, das an die frühere Synagoge erinnernde »Flammenmal« vor der Christuskirche in Altenkirchen.

Seit 1980 etwa arbeitet er unmittelbar mit den (oft tonnenschweren) Baumstämmen selbst, die er mit der Axt, mit der Kettensäge spaltet, verletzt, zerfurcht oder partiell aushöhlt, Schmerz und vielleicht auch Scherz verkörpernd, Verlust und neue Freiheit, neue Durchblicke. Bei aller Abstraktion verleiht Wortelkamp gerade den Holzarbeiten noch deutlicher als früheren Skulpturen eine *menschliche Haltung*, bei der Selbstbehauptung, Verwundbarkeit und immer wieder das Anlehnungsbedürfnis sichtbar werden.

So stumm sich seine Werke auf ihre Weise »äußern« – ihr Schöpfer ist ungemein wortmächtig und nicht selten angriffslustig, unermüdlich sucht er die Zahl derer zu mehren, die bereit sind, ihr (räumliches) Sehvermögen zu erweitern und nicht länger nur für dekorativ Schönes zu schwärmen. »Jede Kunst muss Schwierigkeiten bereiten, weil sie Möglichkeiten aufzeigt, wie sie so zuvor niemals bildhaft wurden. So bleibt es dabei, dass das, was sich in allen Künsten zeigt, immer auch ein Plädoyer fürs Unbekannte und Fremde ist, das es zu respektieren gilt«, so Wortelkamp in einem Gespräch mit Monika Bugs, als er 2003 den »Sparda-Bank-Preis für Kunst im öffentlichen Raum« erhält, neben dem Staatspreis Rheinland-Pfalz die bisher bedeutendste Auszeichnung für den Westerwälder.

Ausgestelltes vielerorts also, national wie international, dauerhaft oder zeitweilig; seit 2010 nun, beginnend im Arp-Museum Bahnhof Rolandseck, die Reihe »hier und dort«, parallel mit dem *Depositum* in Weyerbusch, diesem neuen großen Schauhaus, zu schön, um bloß Lager zu sein. Bei Cesare Pavese habe ich gelesen, die Künstler seien die Mönche des bürgerlichen Zeitalters. »In ihnen sieht der gewöhnliche Mensch jenes Leben der Berührung mit dem Ewigen, jene Askese verwirklicht, die die einfachen Leute

Vom Kloster Marienstatt zum Kloster Lehnin und zurück, 2005, Eiche, gekalkt, Leinöl, 100 x 760 x 140 cm

des 13./15. Jahrhunderts im Mönche sahen.« Wortelkamp hat die zisterziensische Klosterkultur, die heimatliche von Marienstatt oder etwa die burgundische in Cluny und Cîteaux, lebenslang in seine Arbeit einbezogen, sich an beiden Orten »eingebracht«.

Kunst befindet sich immer in einem Dialog, privat oder öffentlich, drinnen oder draußen, vor oder in einem Haus der (Un-)Kultur. Die über zehn Hektar große Anlage *im Tal* führt seit fast drei Jahrzehnten ein lebendiges Gespräch zwischen Kunst und Landschaft, zwischen Skulptur und Natur: ein überregional beachtetes, vielfach gerühmtes Gesamtkunstwerk, an dem sich inzwischen, Wortelkamp als primus inter pares, 50 Künstler beteiligen. »Ein Ziel dieser Anlage ist es, dass die autonomen Werke der jeweiligen Künstler sich zu einer Gesamtidee addieren und gemeinsam etwas schaffen, was der Einzelne nicht vermag.« »Als Modell für eine Radikaldemokratie«, fügt er nach einer Gedankenpause hinzu, als wir sommertags 2014 draußen im Freien am steinernen Tisch das alles offen zur Sprache bringen. Ins Offene lädt auch der alljährliche *jour fixe* ein, jeweils am 21. Juni finden hier interdisziplinäre Veranstaltungen statt mit Persönlichkeiten aus Literatur, Musik, Philosophie, Kunstgeschichte, Landschaftsarchitektur etc. Und immer wieder, verwunderlich wandelbar, der Talgang.   HF

In einer vorzüglichen Anekdote beschreibt Carl Gneist (in: sägen und sagen. Festschrift für E. W. zum 70. Geburtstag), wie Erwin Wortelkamp 1978 nach einem Fußballspiel, bei dem er, Gneist, schwer gefoult, vorzeitig den Platz habe verlassen müssen, auf den gegnerischen Spieler zugegangen sei und, bevor sein Freund Carl den brutalen Klopper beschimpfen konnte, diesem ganz ruhig, aber für alle hörbar gesagt habe: »Sie sind kein feiner Mensch!« Das saß. Keine verbale Attacke hätte den groben Klotz wirkungsvoller treffen können. Wortelkamps hier deplatzierte Worte übersetzten, so Gneist, sein Schaffensprinzip einer *formzerstörenden Formvollendung* blitzartig ins Leben.

Westerwälder Köpfe
und kein Ende …

… zum Beispiel der Beulskopf (388 m) bei Altenkirchen mit seinem 35 Meter hohen Raiffeisen-Turm: Fernsicht zum Salzburger Kopf, zum Köppel bei Montabaur, zum Siebengebirge und ins Wildenburger Land.

… oder der Malberg (422 m), von Staudt aus gesehen.

Anhang

Literatur- und Quellenverzeichnis:

Édouard Baldus
Malcolm R. Daniel: The Photographs of Édouard Baldus, with an essay by Barry Bergdoll. New York: The Metropolitan Museum of Art, 1994
Peter Lindlein: Das Geheimnis des Edouard Baldus – Photograph von Weltrang aus Grünebach. Digitale Bibliothek Betzdorf, 2010

Andreas Balzar:
Erwin Katzwinkel: Andreas Balzar. In: Lebensbilder aus dem Kreis Altenkirchen. Altenkirchen 1979
Boehncke/Sarkowicz: Die großen deutschen Räuberbanden. Von der Waterkant bis zu den Alpen. Frankfurt a. M. 1991

Wilhelm Boden
Thomas Bartolosch: Dr. Wilhelm Boden (1890-1961) »Der vergessene Landesvater«. Hrsg. von der Kreisverwaltung Altenkirchen. Altenkirchen/Ww. 2014

Paul Deussen
Franz Mockrauer: Paul Deussen als Mensch und Philosoph. In: 9. Jahrbuch der Schopenhauer-Gesellschaft 1920
Heiner Feldhoff: Nietzsches Freund. Die Lebensgeschichte des Paul Deussen. Köln-Weimar-Wien 2008
Heiner Feldhoff: Paul Deussen und ich. Nachträge aus Oberdreis. Bielefeld 2011

Karl Wilhelm Diefenbach
Fidus (d.i. Höppener): Karl Wilhelm Diefenbach. In: Der Westerwald. Hrsg. v. Leo Sternberg Nachdruck. Montabaur 1977
Claudia Wagner: »Erkenne, Menschheit, deine Mutter, die NATUR ...« Die Mission des Karl Wilhelm Diefenbach. Radiosendung: Bayern 2 14. Dezember 2013 (als pdf)
Lebensbericht von Diefenbach: www.gusto-graeser.info/Diefenbach/diefenbach_index.html

Elisabeth zu Wied
Silvia Zimmermann: Die dichtende Königin. Selbstmythisierung und prodynastische Öffentlichkeitsarbeit durch Literatur. Diss. Marburg 2001
Gabriel Badea-Paun: Carmen Sylva. Königin von Rumänien – eine rheinische Prinzessin auf Rumäniens Thron. Stuttgart 2011

Rosa Flesch
J. A. Backes: Wenn das Weizenkorn nicht stirbt. Lebensbild Mutter Maria Rosa Flesch. Werl 1967
Hans-Joachim Kracht: Leidenschaft für die Menschen. Margaretha Rosa Flesch – Leben und Wirken. Trier 2005

Ika Freudenberg
Gertrud Bäumer: Gestalt und Wandel. Berlin 1939
Beatrixe Klein: Sieben Frauen. Sieben Leben. Sieben Geschichten. Wiesbaden 2005

Karl Otto Götz
K.O. Götz: Erinnerungen I-IV 1975-1999. Aachen 1993-1996
Willy Kemp: www.ko-götz.de/images/pdf/Kemp_03.pdf

Johannes Gross
Roger Willemsen: Gross, Deutschland. konkret 05/90
ard.mediathek.de 6. Mai 1932 – Der Geburtstag des Journalisten Johannes Gross

Albertine von Grün
Heiner Feldhoff: Albertinen-Terzinen. In: Rudolf Grabowski (Hrsg.): Meine Albertine von Grün. Hachenburg 2014
Heinrich Schneider, Fritz Ebner, Herta Eisnach (Hrsg.): Albertine von Grün. Ein Frauenleben im Umkreis des jungen Goethe. Darmstadt 1986

Sophie Gräfin Hatzfeldt
Christiane Kling-Mathey: Gräfin Hatzfeldt. Bonn 1989
Helmut Hirsch: Sophie von Hatzfeldt in Selbstzeugnissen. Düsseldorf 1981

Annegret Held
DER SPIEGEL 45/1999
Sigrid Lütke-Haertel: Idylle mit Trauerrand. Strandgut 28.9.2012

Lothar Hermann
Gaby Weber: Der Held von Quirnbach. Die späte Ehrung des Lothar Hermann. Sendung des DLF: Dienstag, 26.02.2013 (als pdf)

Joseph Höffner
Norbert Trippen: Joseph Kardinal Höffner, Bd. 1: Lebensweg und Wirken als christlicher Sozialwissenschaftler bis 1962. Paderborn 2009. Bd. 2: Seine bischöflichen Jahre 1962-1987. Paderborn 2012
http://www.rheinische-geschichte.lvr.de/persoenlichkeiten/Seiten/home.aspx

Peter Hussing
Holger Gertz: Gnädiger Kämpfer. »Der Bär von Brachbach«- Zum Tod des Boxers Peter Hussing. In: Süddeutsche Zeitung Nr. 210 (11. 9. 2012), S. 28
Karl Heinz Hof: Siegerländer Sportgeschichten. Selbstverlag. Siegen o.J. (Aus den Erinnerungen des Sportjournalisten K. H. Hof)

Katharina Kasper
Gertrud Hüwelmeier: Närrinnen Gottes. Lebenswelten von Ordensfrauen. Münster 2004
Renate Maier: Maria Katharina Kasper (1820-1898): Gründerin der Genossenschaft »Arme Dienstmägde Jesu Christi«. Frankfurt a. M. 2009

Hermann Kempf
Otto Kleinschmidt: Gewerkschaften im Oberwesterwald. 3. Aufl. 2004 (Internet-Adresse)
http://gewchronik.mmk-online.eu/chronik/start.htm
Hermann Kempf: Erinnerungen. MS-Skript o.O. und o.J.

Willy Korf:
Oliver Driesen: Der Feuermacher Willy Korf. Stahlrebell aus Leidenschaft. Hamburg 2005
Helmhold Schneider: Willy Korf – Ein Leben für den Stahl. In: Heimatjahrbuch für den Kreis Altenkirchen 1993

Hermine Körner
Amy Smith: Hermine Körner. Berlin 1970
Matthias Braun: Die Schauspielerin Hermine Körner. Velber bei Hannover 1964

Maximilian Prinz zu Wied
Wolfgang Jost (Hrsg.): M.W.: Reise nach Brasilien in den Jahren 1815 bis 1817, Leipzig 1987
Maximilian Prinz zu Wied.: Reise in das innere Nordamerika. 2 Bde. München o. J.
Hermann Josef Roth (Hrsg.) mit Beiträgen von Bruno P. Kremer, Antonius Kunz, Helmut Reiner: Prinz Maximilian zu Wied: Leben und Werk. Montabaur 1995
http://www.zuwied.de/hachenburg/pmw1.htm

Hanns-Josef Ortheil
Hanns-Josef Ortheil: Die weißen Inseln der Zeit. München 2004
Stephanie Catani [u.a.] (Hrsg.): Kunst der Erinnerung, Poetik der Liebe. Das erzählerische Werk Hanns-Josef Ortheils. Göttingen 2009

Fritz Philippi
Marita Metz-Becker: Fritz Philippi - nicht nur ein Heimatdichter. In: Nassauische Annalen 102, 1991
Johann Peter: Nachwort. In: Fritz Philippi: Das geistliche Gespenst. Geschichten aus dem Westerwald. Frankfurt a. M. 2008

Erwin Piscator
Knut Boeser und Renata Vatková (Hrsg.): Erwin Piscator. Eine Arbeitsbiographie in 2 Bd., Berlin 1986
Ludwig Hoffmann (Hrsg): Erwin Piscator. Theater Film Politik. Ausgewählte Schriften, Berlin 1980

Friedrich Wilhelm Raiffeisen
Rudolf Maxeiner u.a.: Raiffeisen. Der Mann, die Idee, das Werk. Wiesbaden 1988
Michael Klein: Bankier der Barmherzigkeit: Friedrich Wilhelm Raiffeisen, Neukirchen-Vluyn 2012

August Sander
Gerd Sander u.a.: August Sander. »In der Photographie gibt es keine ungeklärten Schatten!« August Sander Archiv Köln. Berlin 1994
Gabriele Conrath-Scholl/Susanne Lange: »Einen Spiegel der Zeit schaffen«. August Sanders »Menschen des 20. Jahrhunderts«. http://www.zeithistorische-forschungen.de/site/40208216/default.aspx

Mechthild von Sayn
Joachim J. Halbekann: Die älteren Grafen von Sayn. Wiesbaden 1997
Thomas Bohn: Gräfin Mechthild von Sayn (1200/03-1285). Köln-Weimar-Wien 2002

Gisela Schmidt-Reuther
Monika Gass u.a.: Gisela Schmidt-Reuther, Ehrenpreis Deutsche Keramik 2008. Hrsg. von der Kreisverwaltung des Westerwaldkreises. Montabaur 2008
www.museum-digital.de

Ewald Schnug:
Silvia Haneklaus: Ewald Schnug. Lebenswerk. 18.6.2014 (per E-Mail)
Ewald Schnug: Eine kurze Geschichte der »Neuen Straße 21« in Goslar. 2010 (pdf.)

Leo Sternberg
Titus Grab: »Der Mensch ist um seiner Träume willen da.« Leben und Werk von L. S. Hrsg. v. d. Stadt Rüdesheim. Mainz o.J.

Thomas Stum
Hans Haid: Das Schaf. Eine Kulturgeschichte. Köln-Weimar-Wien 2010
www.hirtenjahr.de

Clemens Wilmenrod
Lutz Neitzert: Clemens Wilmenrod - Der Schürzenjäger und das Päpstliche Huhn
Radiosendung: SWR2/28.3.09
Wilmenrod. Der Doppelkopf. Titelgeschichte im SPIEGEL 24.06.1959

Erwin Wortelkamp
Jörg van den Berg, Karen van den Berg und Christoph Brockhaus (Hrsg.): Erwin Wortelkamp: Papiere … Skulpturen … Räume … Kontexte. Ostfildern-Ruit 2000
Hanns-Josef Ortheil: Beschreibung: Erwin Wortelkamps Tal bei Hasselbach im Westerwald. Witten 2000

Abbildungsverzeichnis:

S. 97 Foto: Carl Gneist
S. 98 © Stöffel-Park
S. 99 © Wolf P. Prange, Menschenfotograf
S. 101, 102 Fotos aus Privatarchiv Dr. Helmhold Schneider
S. 103 Fotograf unbekannt
S. 106 © Deutsches TheaterMuseum München, Sammlung Buhs
S. 107 »Maximilian zu Wied-Neuwied« von Heinrich Meyer
S. 108 Kupferstich von Wilhelm Hartmann 1822
S. 109 Ölgemälde Johann Heinrich Richter aus Koblenz (1803-1845)
S. 110 »Matô-tope 1« von Karl Bodmer
S. 111 Aquarell von Maximilian zu Wied-Neuwied 1833
S. 112 Aus: Reise in das innere Nord-America in den Jahren 1832 bis 1834, J. Hölscher, Koblenz 1839.
S. 113 Foto: Roswitha Weiler, Niederbreitbach
S. 114 Foto: Hessisches Hauptstaatsarchiv, Wiesbaden, Abt. 74, Nr. 8
S. 115 Archiv: Foto Gauls, Koblenz
S. 116 Germanisches Nationalmuseum Nürnberg, Foto: Monika Runge
S. 117 Foto: Helmut Kalisch, Hachenburg
S. 119 © Lotta Ortheil
S. 121 Aus: Beschreibung: Erwin Wortelkamps Tal bei Hasselbach … Witten 2000, S. 9
S. 123 © Steffen Philippi
S. 127 Fotograf unbekannt, gemeinfrei
S. 129 Archiv der Akademie der Künste, Berlin, Erwin-Piscator-Center
S. 131 Porträt © Raiffeisen Schweiz
S. 132 Foto: Raiffeisen-Museum, Hamm
S. 133 Foto: Heiner Feldhoff
S. 135 Maler: Ricardo Gold, www.RicardoGold.com
S. 137 Foto: Rolf Gatzmanga: August Sander, 1957/58 © Die Photographische Sammlung/SK Stiftung Kultur, Köln
S. 138-141 August Sander-Photographien: © Die Photographische Sammlung/SK Stiftung Kultur – August Sander Archiv, Köln; VG Bild-Kunst Bonn 2014
S. 143 Porträt ca. 1985, Fotostudio Fähnle-Scheid, Berlin
S. 145 alle Kunstfotos: Walter Schenk, Bad Ems. Aus: Gisela Schmidt-Reuther. Ehrenpreis Deutsche Keramik. Kreisverwaltung des Westerwaldkreises. Montabaur 2008
S. 147 Foto privat
S. 150 Foto privat
S. 151 Foto Stadtarchiv Rüdesheim
S. 153 Foto Carl Gneist
S. 155 Porträt, Thomas Diehl, Nanook Pictures
S. 157 Bild, Thomas Diehl, Nanook Pictures
S. 159 dpa
S. 160 o. Foto: Alexander Klink
S. 160 u. Foto: Rainer Zenz
S. 161 Foto privat
S. 162 © Com Illusion GbR
S. 163 Foto: Michael Trippel, Bamberg
S. 164 Aus: Erwin Wortelkamp, Papiere … Skulpturen … Räume … Kontexte, Ostfildern-Ruit 2000
S. 165 Erwin Wortelkamp, Hasselbach
S. 167 Foto: Thomas Lindelauf
S. 169 o. KA AK, F20/FRS1617, Rüdiger Rosen
S. 169 u. Holgi44, wikipedia

Die Autoren:

Heiner Feldhoff
geboren im Westfälischen, aufgewachsen in Duisburg,
Studium der Germanistik und Romanistik in Münster.
Lebt seit 1972 im Westerwald, bis 1996 im Schuldienst.
Mehrere Gedicht- und Prosabände, u. a. »Waffelbruch«,
»Kafkas Hund. Kürzestgeschichten«, »Der löchrige Himmel. Erzählungen«, »Becketts Hose. Kürzestgeschichten« (2015). Biographien zu Henry David Thoreau,
Albert Camus, Paul Deussen. Mitarbeit als Übersetzer
koreanischer Autoren (Kim Young-ha, Yi Sang). www.
heinerfeldhoff.de

Carl Gneist
in Berlin geboren, aufgewachsen in der norddeutschen
Tiefebene; Studium der Literatur- und Geschichtswis-
senschaft und Philosophie in Hamburg; wegen Freundschaft und eines interessanten Schulmodells als Lehrer
für Deutsch, Geschichte und Philosophie im Westerwald
gelandet – und dort geblieben; Mitautor des Standard-
lehrbuchs »Standpunkte der Ethik«; Gründer, Regisseur
und Texter des Theaterensembles »THEATTRAKTION«;
Verfasser des Drehbuchs für den Dok-Film »Spuren-
suche« u. a.